U0057587

蔡榮裕──著

憂鬱
幾顆洋蔥？

精神分析想說

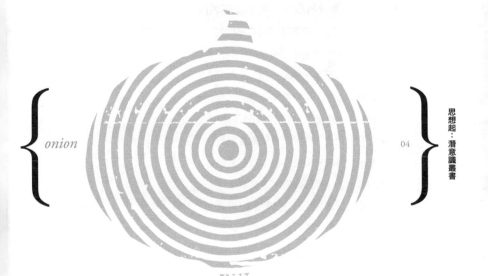

{ *onion* }

04

思想起：潛意識叢書

目 錄

推薦序 /賴德仁

與自我再度邂逅

　　我與蔡榮裕醫師認識已經快40年了，他在唸高雄醫學院醫學系時大我一屆，我們在年輕時常常一起喝酒聊天，當時我就很崇拜大我一屆的幾位天才學長，他們共同的特質是具有豐富的文學造詣與想像空間，這些學長包括：蔡榮裕、王浩威、楊明敏及田雅各等。可惜我比較沒有慧根，文筆較拙，無法像蔡榮裕學長的文思泉湧，現在能為他撰寫的書籍作序，我備感榮耀。

　　蔡醫師是一位飽讀詩書，又鑽研精神分析的學者及治療者，說實在地，要讀得懂蔡醫師的著作，需具備一些心理學或精神醫學或甚至精神分析的功力，如果再加上文學的素養，那就更沒問題。讀者也不要因此而畏懼或氣餒，在多讀幾次後，你會更能想像蔡醫師的思想空間及他如何與病人分享心靈的交流，而且學會觀察自己的起心動念，並分析自己與外界人事物的關係。

　　這本著作中三個部份：1. 小小說（精神分析取向心理治療經驗談）；2.短詩：漏網的魚；3.隨筆：夢幻倫敦。

　　在第一部份的小小說，蔡醫師跟大家分享一位與女同學相處還是很困難，自認跟男同學相處都不會有問題，但

卻不喜歡被男人身體碰觸的女性求助者。這些可能是跟她小時候和同性別的母親競爭父親的「伊底帕斯情結」有關，她要和父親再重新生下自己。她沒有辦法有能力愛人，而且愛人的結果是讓她挫折的，這是難以理解的，或者甚至是讓她不要多了解。蔡醫師也看到了他與求助者間的互動，「在於當你說，男人都不是好東西時，我心中總會震動一下下，覺得我就是男人中的一個……，每當你出現這種說法前，只要我請你多談和目前男友的狀態，你就呈現著我要跟你的新男友競爭你……，因為看來你不是要我多了解你的想法，而是你另有期待，你覺得我應該像其他男人那樣，對你的身體有好奇，而不是只對你的想法和感受有所好奇。」蔡醫師以他與求助者間的互動，提醒她對於一般男人之普遍扭曲印象。蔡醫師分享的這個案例，其實在臨床上很常見，我常提醒年輕醫師或醫學生，像這種個案的患者，如果僅止於給予藥物治療，就像在結痂的傷口塗藥，底下仍有膿瘍，惟有再加上心理治療，才能徹底治療內在的創傷。現今精神藥物學及生物精神醫學盛行的世代，感念蔡醫師仍能維持國內心理治療與精神分析之命脈，並提醒年輕精神科醫師在訓練階段，要認真學習心理治療，如此才可與患者建立良好的治療關係，並給予患者需要的心理治療。

蔡醫師第二部份是短詩：漏網的魚。蔡醫師以29首短詩，分享在都市叢林的孤獨與在鄉間的樂趣，40-50年代的台灣人應該有同樣的經驗與感受，但我們似乎在都市叢林

與人生的忙茫盲中迷失了自我。

　　蔡醫師第三部份是隨筆：夢幻倫敦。蔡醫師寫出他在倫敦咖啡廳、博物館與公園等的觀察與體會，那種在塵囂中依然保有寧靜的心，觀察外界的人事物，萬物靜觀皆自得，尤其在現今倫敦遭逢多次恐怖攻擊後，更讓人懷念過往簡單單純的生活。

　　最後，恭喜蔡醫師在精神分析領域的成就，也推薦大家好好閱讀此書，相信對您的人生會有更多的體悟。

賴德仁
中山醫學大學教授
台灣精神醫學會理事長
台灣失智症協會理事長

推薦序 / 樊雪梅

序：為榮裕作

> 榮裕是詩人，而後才成了精神科醫師，心理治療師，
> 及研究佛洛依德的學者。
> 我以詩回應榮裕的小說、詩、劇本及散文
> 因其詩文啟動了我的詩心。

一趟無止盡的探索與好奇
對躺在躺椅上的你
坐在你身後的我
的思緒，進行抽絲。
想法是思考的結果
抑或是思考的驅動力？

剝開一層又一層的洋蔥
最後顯露出來的
是真理？
抑或另一個謎？

在你的論述裡的我
是我？抑或是你？
在你的論述裡的你
是你？抑或是無名？

誰能了解人？誰能了解你/妳？
哲學家？心理學家？心理治療師？
我能了解妳？你？
之前，
要先成為哲學家？心理學家？心理治療師？
還是要先成為一個人？
要怎麼成為一個人？

迴返
落葉歸根
未曾是落葉，也想歸根
沒做過遊子，也嚐了異鄉的滋味
我們都曾經試探過、被試探過
日子過去，年華漸老，就都成了鮭魚

迴返
見到的不是起初，也不是
歲月

迴返
年少輕狂的迷茫
在沒有了年少之後，
仍舊迷茫，而輕狂
如脫逃的過往
並沒有變成未來

迴返
成詩人，詩人睡成美人
等待著王子的空檔
陪著老人睡覺
噁心？抑或是興奮？

那老人是父親嗎？垂老的伊底帕斯？
那詩人還在寫詩嗎？等不到的果陀？
睡美人住在丹麥的古堡裡，還是東方的古都？
而我們曾在倫敦相遇？或是在台北擦身而過？

迴返了
那曾經滄海
難為水
而今，妳的憂鬱發出的論點令我發笑
黑暗和空洞果然是最佳的相聲演員
苦中作樂
世界大同

記。

讀著榮裕的新書。發現了其中的樂趣，現在津津有味地讀著。

真是沒有想到啊！

他的散文和小說也是詩。他的詩很美。我現在才發現。

讀著讀著就忽然懂了。至於懂了什麼，我也沒辦法告訴你。

可能是懂了他的文字，也可能是懂了他的文字所描繪的心情、所

辯證的論理（不是「理論」）；

還有可能是心有戚戚焉地知道他在說著的什麼，而共鳴。

他是真的詩人！我心裡驚嘆。

樊雪梅
兒童暨青少年精神分析導向心理治療博士
（英國東倫敦大學社會學院 & 塔維斯托克（TAVISTOCK）中心）
英國精神分析學會、國際精神分析學會 精神分析師（BPAS、IPA）
英國兒童暨青少年精神分析取向心理治療師（ACP）

推薦序 / 黃宗慧

繞道文學的精神分析？

　　蔡榮裕醫師的新書《憂鬱幾顆洋蔥？精神分析想說》所集結的作品文類有小說、散文、評論、劇本，除了被作者自己歸類為「雜文」的「三篇徘徊在憂鬱裡的風雨聲」屬於理論評述性質，直接探討了憂鬱問題的不同面向，其他幾類作品都有著高度的文學性，一如洋蔥般有待讀者層層瓣瓣地剝開。莫非，要進入精神分析的世界一窺其堂奧，最好的方式是繞道文學？然而，這真的是一種繞道嗎？在回答這個問題之前，也容我也先「繞道」文學，談一下美國導演伍迪艾倫創作的一則短篇故事〈庫格馬斯插曲〉（"The Kugelmass Episode"）。

　　故事的主角庫格馬斯，是一名離婚又再婚的大學教授，但和第二任妻子的關係依然陷入瓶頸，他嫌棄妻子不復過去的苗條，腫成一顆海灘球，又指責妻子如同他的枷鎖，於是，他求助於精神分析師。故事的開場就在治療的診間，庫格馬斯一面抱怨生活，一面斷定外遇可以改善自己的狀況，這時分析師對他說：「外遇解決不了問題。你太不實際了。你的問題深層得多。」然而儘管分析師數度打

斷他關於外遇的幻想，庫格馬斯還是不予理會，逕自說起他的焦慮之夢，夢中的他手裡提著野餐籃，籃子上寫著「各式選擇」，但這時他卻發現提籃有個破洞！夢的訊息很明顯：步入中年危機但又還想不斷戀愛的男主角，擔心自己已經沒有多少選擇的機會了。分析師聽完這夢境，只是告誡他，他最不該做的事情就是「行動化」（act out）（簡化地說，就是因壓抑的回返造成個案突然出現衝動行為）。分析師說，「你必須就在這裡把你的感覺表達出來，然後我們一起來分析。你接受治療也已經很久了，應該知道沒有一夜之間就治癒的療法。我是分析師，不是魔術師。」但也就是這樣的回答，讓庫格馬斯毅然決定終止治療，悻悻然地說，「那也許我需要的就是魔術師」。對於一篇精彩還在後頭的短篇故事來說——畢竟之後男主角可是要穿越時空遇見包法利夫人啊——這段與分析師之間的對話當然不會是伍迪艾倫的重點所在，分析師只是伍迪艾倫要嘲弄的角色之一，無能的分析師和稍後要登場的，貪財但戲法卻又不靈光的魔術師一樣，說明了這世界上充滿贗品與郎中：分析師只會要求個案盡量述說，卻拿不出一點「成果」，還好意思叫治療很久都無效的個案要體認分析並非一蹴可幾的道理！

既然如此，為何非要繞道這個短篇故事，才能談《憂鬱幾顆洋蔥？精神分析想說》？因為單從引述的故事段落我們就已不難看出，〈庫格馬斯插曲〉裡的分析師形象，正符合一般人對於精神分析治療的刻板印象與粗淺理解：要

個案「自由聯想」，卻又不輕易提供詮釋。不論是對於不相信精神分析的人而言，或指望分析師「對症下藥」、「藥到病除」但期待落空的個案而言，庫格馬斯決定終止分析都看似是明智的選擇，畢竟精神分析的開山始祖佛洛伊德就直接表示過：「治療的成功不是我們首要的目標。我們所致力達到的是讓病人意識到他的潛意識願望」（*SE* 10, 120），而自認其理論乃回歸佛洛伊德的法國精神分析師拉岡也認為，「被假定知道的主體」（subject supposed to know；*sujet supposé savoir*）並不是分析師，而是個案本人；那麼，我們還能對分析師抱有甚麼期待？

事實上，分析師也並不希望個案對他有太多期待，因為精神分析的特殊性與重要意義，就在於它不認為人類複雜的心靈活動可以被任何科學充分解釋。換句話說，看似不知道、不能確定任何事的分析師，可能正是稱職的分析師，也更有機會讓個案完成「意識到自己的潛意識」這個艱鉅的工作。比起一昧鼓勵個案正向思考、追求自我的完整，精神分析更想說的，是那些關於人類慾望將如何無止盡地流動的故事，這些流動，或許會構成生活的擾動，卻也是人活著的證明。從這個角度來看，精神分析想說的，和文學想說的，遠比我們想像的還要更接近。

也因此，蔡醫師的新書並不是一本繞道文學的精神分析之書，因為繞道一詞本身可能就是需要商榷的，畢竟精神分析和文學的軌道，經常是重合的，而這點也早已為佛洛伊德所指出，他在小說家詹森的《格蒂沃娃》（*Gradiva*）

中驚喜地發現了許多可以用來印證《夢的解析》的線索，發現了從詮釋這部小說所能歸納出的原則，竟然和觀察分析疾病得致的看法一模一樣，於是他說：「看來唯一的結論就是，要不是我們兩者，作家和醫生，都以同樣方式誤解了潛意識，要不就是我們都正確地理解了它」（SE 9, 92），而佛洛伊德的答案，當然是後者。

至於蔡醫師的這本書，特別是將精神分析取向的心理治療場景小說化的作法，更是「一人分飾兩角」地以作家和醫師的身分為佛洛伊德的說法做了絕佳的註解，同時，也實踐了拉岡所謂的「分析師論述」。我們看到，小小說中的個案不斷訴說與父母的關係如何造成她的陰影、影響了她現在的行為與選擇，但聆聽的分析師卻不願扮演那個套用理論去解釋創傷來源的大他者，聆聽越多，理解越多之後，他形容自己如同在狹窄的細縫裡看見了光明和黑暗，但「又不再只是條條分明，而是交叉地存在著」。換句話說，在細縫裡看見更多的可能性，弔詭地也意味著單一明確答案的可能性越來越少。於是，每當個案自己提出伊底帕斯情結的說法，想以此為自己的種種症狀定調時，小小說中的分析師總是表現得相當猶豫，而這些看似虛構的、文學性的反思，其實都指向了精神分析的核心觀念：

當你說得如此明白，符合理論的說法，意味著你要替自己的問題做出最後的結論了。關於伊底帕斯情結，的確是容易被當作是人生問題的結論，雖然如果人生結論可以

這麼早就下了，那麼這是什麼結論呢？……

　　……你這時候以伊底帕斯情結來定位自己，這是要說清楚問題，還是更想要遮掩住此刻浮現的想像？你對我的想像，或者你對父親的想像，但是我必須說，以伊底帕斯情結來形容自己，常常不必然是看清楚問題，更常是被拿來當作一種防衛，表示你是知道問題所在了，但是很多問題還在潛意識裡糾葛，而不是以一句，你有伊底帕斯情結，就可以全盤說清楚。這是假象的期待，好像有了關於自己的知識，但卻是相反地不讓自己去經驗，此刻正在流動的原始欲望，趕緊以一些術語來做標籤。……

　　我這麼說，並不是要推翻伊底帕斯情結等重要術語的意義，而是更著重這些術語如何被運用？……這個疑問還需要被問得更多次，因爲不是你一句，你有伊底帕斯情結，就有了完整的答案。這跟性有關嗎？跟愛有關嗎？或者跟故事圍繞的情感有關？不過，性是什麼？愛是什麼？情感是什麼？好像一切都才重新開始。

　　對精神分析一知半解或全盤拒斥者，經常喜歡訕笑或質疑的，便是佛洛伊德這套伊底帕斯情結之說，甚至認爲佛洛伊德派的分析師就是急著用性慾、用伊底帕斯情結來解釋一切。但從引述的段落裡我們看到的，是分析師如何謹愼地不輕易以任何理論術語爲個案的生命經驗定錨。光

是這篇小小說，就已告訴讀者，精神分析所要說的，從來就不只是伊底帕斯情結。

然而或許還是有人不免懷疑，故事的最後，分析師竟留下了一串問題與「一切都才重新開始」這樣的「結論」，這豈不又將我們，連同故事中的個案，都帶回了原點？難道精神分析所能給我們的，就是曖昧、不確定以及一連串的無解嗎？那又未必。確實，分析師不負責也不應該提供標準答案，或界定何謂出路、何謂正解，但所有在分析場景中開啓的對話，不論是個案的疑惑，或是分析師的自我質疑，都是一個個線頭，在通往所謂的出路之前，這些線可能糾結在一起，但透過分析師的引領，個案將可能沿著線頭，逐漸摸索出接近潛意識的眞相，雖然，也可能不。

而這也是先前所說的，拉岡式「分析師論述」的要義。拉岡在第十七講座中區分主人論述、歇斯底里論述、大學論述與分析師論述這四種論述關係模式時，對於分析師論述所做出的定義，正足以回應一般人對精神分析師的「不作爲」或「無作爲」的質疑。這四種論述，其實是主體面對大他者時的四種不同方式，基本的結構都相同（如下圖左），只是其中的四個元素──如下圖右，S_1為主人意符，S_2代表知識、意符鏈，S為分裂主體，a則是失落的客體──會變換不同的位置：

$$\frac{\text{Agent} \rightarrow \text{Other}}{\text{Truth} \quad \text{Production}}$$

S_1：Master Signifier
S_2：Knowledge
$\$$：Subject
a：Object Cause of Desire

四種論述的基本模式看起來和一般溝通理論要表達的沒有差別：任何論述都有一個發話者，就是左上方第一個位置的行為者（agent），他將他的真理（truth）轉為訊息，朝向右上方居於第二個位置的他者（other）發出，就產生了語言效果，也就是標註於右下位置的產品（production）。但拉岡的圖示最大的不同在於，對他而言真正驅動論述的，不是第一個位置的行為者，而是左下方的真理，行為者只是看起來像行為者而已，就像當我們在說話的時候，也總是被自己不能完全掌控的種種慾望所滲透，而那些慾望才是真正的驅動力。

　　那麼甚麼是分析師論述呢？又何以我說蔡醫師的這本書，彰顯了分析師論述的精神？要了解分析師論述，我們得先對和它剛好有著一百八十度翻轉關係的主人論述有所認識。主人論述的圖示如下：

$$\frac{S_1}{\$} - \frac{S_2}{a}$$

套用前述的原則來檢視，拉岡的主人論述所揭示的，就是居於真理位置的分裂主體 $\$$，會驅動主人意符S_1去介入代表

總體意符網絡的知識S2，以便在其中代表主體，但如此所產生的產品，卻是某種欠缺的效應，也就是失落客體*a*，因為沒有任何一個意符是足以將我們的身分完全表達出來的，當我們用某個主人意符代表自己時，這個身分標示無可避免地會排除其他許多身分，也因此我們只能繼續尋找更多的意符來代表自身，來掩飾欠缺。而主人意符之所以可以讓分裂主體以為「我是我自己（的主人）」（maître / m'être à moi-même），其實正是因為主人論述是靠著幻想為基礎來支撐的（主人論述的下層，正是拉岡的幻想公式 $\mathbf{\$} \Diamond a$）。在此，法文的主人（maître）與m'être的同音雖然看起來只是拉岡玩弄的文字遊戲，其實卻也點出了主人論述與幻想之間不可分的關係。

而分析師論述正是要反轉這一套主人論述，它的結構如下：

$$\frac{a}{S_2} - \frac{\$}{S_1}$$

顯然拉岡認為，在分析中，看似是論述行為者的分析師，必須把自己當成失落客體*a*，而不是全知的、急於診斷並給出答案的大他者。他不但不是主人，還要暫時把自己當成個案慾望的對象物，如此去和作為分裂主體的個案$\$$對話，當然，作為主體卻要去成為個案的慾望根源、把自己降到客體的位置，聽起來是個不可能的任務，但拉岡認為這不可能的關係依然可以產生某種效應，就是能引導個案找出關於自身慾望的關鍵意符S1，而在這樣的一個過程中，支

撐分析師的真理，就是做為基底的知識S_2，這既是指他的精神分析專業知識，也包括他對個案的所知，換句話說，分析師的不作為，並不是因為他真的甚麼都不知道。在分析中，個案會歷經移情（transference）與挫折（frustration）等過程，他會提出種種問題希望分析師回答，但分析師不能有求必應，如此才有機會讓個案透過要求（demand）的受挫，發現自己慾望物的可能樣貌，也因此，雖然分析師論述的「產品」是主人意符S_1，這乍看會讓人疑惑，怎麼分析師論述翻轉了半天，只不過是又回到了主人意符？但其實此時的主人意符已經是主體自己找到的，或說是分裂主體自己所製造出來的了，這和主人論述中為了掩飾欠缺而出現的代表意符相較，實具有不同的意義。至此我們也當可明白，蔡醫師的小小說最後停在「一切都才重新開始」，正是分析師論述的實踐。看起來「不作為」、「無作為」的分析師，其實一直在進行著艱難的，讓個案意識到潛意識的工作。因為如果個案能意識到自己的潛意識，或許某些創傷就不再那麼難以面對，某些因防衛而生的症狀可以消失，某些苦，也可能緩解。但終究，沒有任何人能保證任何事，分析師也不能。分析師的論述，是讓個案自行找出代表自身慾望的關鍵意符，而這種探詢潛意識的過桯，一如文學閱讀的經驗，必須是進行式，才可能有更多的理解與認識，一勞永逸、一夜治癒的療法確實不存在。伍迪艾倫筆下的庫格馬斯，還真是冤枉了他的分析師啊。

「我越是對精神分析感興趣，越會了解到這條路所通

往的，正是作家所擁有的那種對人性既廣又深的理解。」
佛洛伊德那同為分析師的女兒安娜‧佛洛伊德曾如是說。
而蔡醫師這本文學性十足的作品——以精神分析治療經驗
為小說主題、有佛洛伊德與川端康成為劇本元素、連在評
論精神分析的「詮釋」與「解釋」的不同時也不忘以契訶
夫短篇小說〈安魂曲〉為例——或許和上述安娜‧佛洛伊
德的發現剛好互補；我擅自揣想，《憂鬱幾顆洋蔥？精神
分析想說》所說的是：我們越是對文學感興趣，將越會了
解這條路所通往的，正是分析師對人性既廣又深的理解。

黃宗慧
台灣大學外國語文學系教授

小小說

（精神分析取向心理治療經驗談）

第一章
噁心，是愚蠢或聰明絕頂呢？

　　如果我沒有記錯，你一定會再次提到一些覺得噁心的事，雖然我記得是相同的事，是否能夠增加對你的了解呢？不過，我是一時間很難忘記你說的故事，我還有一個疑問，如果你覺得你要談的事情很噁心，那麼何以仍需要一直談它們？不過我的經驗早就讓我知道，如果我直接這麼問，大概你只會覺得我在嘲笑你，覺得你是故意這麼做的，因此我是不會現在就直說這個問題。雖然我還不是很確定，什麼時候才是最好的契機，讓你知道你重複談那些你覺得噁心的事？

　　嗯，我這時有個想法，是否你重複說那些話題，是需要把它們吐掉？就像吃到了髒東西，你當然不會想吞下去，只是這個比喻卻挑起另一個疑問，有些故事是很久很久以前的事了，難道人在記憶上有辦法做到沒有吞下去，卻還記得是在等待有一天可以藉著說出來吐掉嗎？或者難道沒有其它途徑可以吐掉那些事嗎？

　　今天你是這麼說的，你和女同學相處還是很困難。雖然你覺得我曾建議你要試著和女同學們好好相處，我心中疑問著，我大概不會這麼說吧。我深知這困難不是用這種建議就會有效果，不過看來你是把你的困難的緣由，變成

是因爲我塞給了你一個沒有用的建議，反而讓你帶來新的困擾。好吧，我就繼續聽你怎麼說吧。

你說，但是你跟男同學相處都不會有問題。雖然你是女孩，但是男同學對你都不錯，把你當作兄弟般的對待。你說你很喜歡，也享受這樣的關係。沈默了一會兒後，你說，但這不是保證你跟男同學就很熟。這讓我有些困惑了，也許你對於什麼是很熟的關係，有你自己的定義，不過至少我在你的說話裡，是可以暫時區分，你是享受和男同學在一起，但主要原因是因爲你跟他們不是很熟。

這麼說可能會讓其他人困惑，到底我在想什麼？我就先稍說明這個想法，因爲這也是突然蹦出來的想法。我也很好奇這推論，是如何在我心中快速地跳出來？我不能說這是我想出來的，但它的確是一個我的想法。我是覺得不論你現在抱怨的或者喜歡的內容，這些故事都是同時存在而且是有關連，因此當你以略帶遺憾的口氣說，你跟男同學也不是很熟，但是接上你先前說的，你享受這種關係。我把這些說法湊在一起的話，就變成了前述的想法，你會享受和男同學在一起，是因爲你和他們不會太熟。

這當然只是我事後，要替浮現出來的結論找個好緣由，因爲這個結論是在我不自主的想法下先跑出來。我這麼說並个是不願替自己的想法負責任，而是我覺得需要消化一下這個突然浮現出來的想法。或者是直覺好了，夠了，我一直沈浸在自己的想法裡，我需要再回到你的說法裡來進一步想。因爲我無意讓這個浮現出來，像是結論的想法就

是最後的結論。我知道如果這個想法是成立的，那麼，我跟你的問題的方向是有所不同的。

你說自己是孤獨，大部分時候都是這種感覺。我想著，如果這句話是真實的，那麼你所說的享受和男同學在一起，這是什麼樣的享受呢？是享受在一起，或者是享受在一起時，同時存在的孤獨嗎？如果這樣想是成立的，那是指在享受和別人一起時，也同時享受孤獨，是這樣子嗎？其實，我不是很確定，只是你的說法讓我想像，這會不會是人的心理實情？只是對你來說，是和男同學在一起時才有這種感受，而根據你的說法和態度，你不會認為，和男同學在一起是一種愛情，而只是人和人在一起。

但是你和女同學相處卻是不同的故事。你只覺得女同學排斥你，和女同學很不好相處。你強調幾乎每一位女同學都是這樣子，你也不知道該怎麼辦？雖然你提出的原因是疑問句，但是對於和女同學相處會如此，你卻是說得很肯定。而且你的肯定並不只是在說從前如此，甚至傳達著以後你的女同學也都會如此。我還無法確定我的感受是否對？以及如果是如此，這是怎麼回事？不過就現有的材料來想，會讓你覺得孤獨的是，在享受和男同學在一起時的感受，不是你跟女同學相處時的感受。

你的說法好像是說，你被女同學排斥，但這不會讓你覺得有孤獨的感覺。你說和女同學相處時，她們都會嘲笑你和男同學這麼親近，而且同時和那麼多男同學在一起，鬧在一起，根本就是刻意在示威。好像是只有你才有辦法，

同時跟那麼多男同學有好關係，你只覺得女同學這麼說是很蠢的，你強調你無意表現和男同學在一起是要作秀，你和男同學的好關係是因為你覺得男人很噁心。

這就讓我更困惑了。

我需要修改前述的想法嗎？你說的男同學和男人，是指相同的事嗎？你再說了一次，男人很噁心，聽起來你所說的男人和男同學是指不同的人，至少在你的說詞和態度上，好像你自有一套分別男同學和男人的定義。這果真如此分別嗎？或者只是為了讓你自己可以跟男同學如此混在一起，而需要某種心理機制，來區分男人和男同學？

你又說你曾交過兩位男朋友，但是只要和他們碰面，他們就想要碰觸你的身體，只要想到這些，你就覺得很噁心。你這麼一說好像解開了我的迷惑，你對男人和男同學的區分，是他們會不會讓你覺得噁心？也就是，他們會不會想要碰觸你的身體？雖然你這麼說了，好像有了答案，但這是增加我了解你的答案嗎？仔細想想，好像又不是全然如此，因為我再回想你曾描述，你和這群男同學們在一起時，也是常推來推去的開玩笑。這也是身體的碰觸啊！所以對於什麼是身體碰觸和噁心感，看來是另有後頭的定義影響著，而不純粹只是身體的碰觸就會帶來噁心感。

當我說到這些，也許比較敏感的讀者早就想到，這有什麼好猜的，不是很簡單嗎？就是帶有情欲的碰觸和不帶情欲的碰觸，身體自然會有那種區別出現啊。我無法推翻這個說法和猜測，只是我如果這麼快就下結論，會讓我不

想再多聽你說的細節，會很快就覺得你又來了，老是說著相同的事情，到底累不累啊？不過坦白說，我不是沒有這種感覺，但是我已經在其它場合重複說過了，我沒必要為了自以為的坦白，而變成在你說故事過程的負擔，變成你真的要回頭來照顧我的心情和想法。雖然你難以避免會如此在意我如何看你，這也影響你會如何說你的故事。不過，你怎麼說那是你的事，當我真的坦白我的不耐煩，卻被偽裝成我已經知道你的答案，因此要你不要再多說了，那只會帶來更大的困局，讓你更不知道怎麼辦？

好吧，你對於男同學和女同學之間的複雜感受，到底有沒有真相啊？我相信是有的，但是那不會在你所說的故事裡，因此我需要再不斷重複地觀察你的行動。所謂行動是指你如何和他們互動，以及和我的互動，我是男人或是男同學呢？我很想直接問你，但如果我直接問了，並不是做錯了什麼，而是我會相信有這種簡單的答案嗎？如果我真的相信，那我何以如此繞來繞去地思索和探索？我只要有疑問就問你好了啊，但是如果這樣子，好像我相信你的意識層次的答案，而把我的工作是對於潛意識的探索完全擺在一旁了，這是工作的捷徑，或者只是我的偷懶呢？

第二章
人的欲望是光明或是黑暗的事？

　　想像是沒有止盡的，但是每說到沒有止盡，對於受苦者卻變成了一種折磨。我聽著你說話，說性是噁心的東西，你只要避開。但是你交往過的幾位男人，最後都離你而去，理由都是你先誘惑他們。我起先以為你會罵他們都是沙豬的男人，我當然無法排除有這種可能性，但是在眼前如果只是這個歸因，那麼你和我要做的是社會教育的工作？不過不能忽視的是，你來了，你接下來的說法是以困惑的方式說，真的是這樣子嗎？你再說了，性是很噁心的事，你怎麼可能會誘惑他們呢？

　　困惑的問句，有時是為了遮掩其它更困難的想法和感受，有時卻是一道窗戶，但引進來的是光線，或是引進來黑暗？這必須看原本的室內或內心是黑暗或光明。當你這麼說時，我卻突然有個翻轉的想法，其實你想要說的是，那些欲望應該是光明，不是一般人常說的是黑暗，只因為比喻上黑暗都被當作是邪惡。但是這個比喻卻容易讓人忽略了光明裡的邪惡，我無意擴展太大，因為我這個想法的浮現，是跟你在這時候這麼說有關，我還是先回到這裡來想想是怎麼回事？

　　畢竟，我不能忽略你的疑惑裡，可能有相當個人化的

緣由，如果我太快就跳進去符合社會意識型態的觀點，就算這是進步的意識型態，我總還要再想如果我想要有新的想像，仍不能無視你個人的經驗，不然你今天只要依著這些社會論點，來批評你交往過的那些男人就可以了，這不容易但也可說是用最便宜的方式，來看自己的複雜性。

當你再說你很孤獨，覺得自己是人世間最難被了解的人，你還說這是媽媽對你的看法，也許你同時在向我示警，你是難以被了解的人，需要我再多加把勁。當我突然浮現前述光明和黑暗比喻的反面時，我就決定要按這個方向，再想像你到底要告訴我什麼，關於你很個人化的訊息？不過我還是先說一下，我印象中的鬥士漢娜·鄂蘭的說法，作為我無意要扭曲，你的個人經驗裡也有社會不平的部分。那是《黑暗時代群像》裡的說法：「就算在最黑暗的時代，人都有權利期望光明，如果要把光明當作來自於理論和觀念，倒不如說是來自於一般人所發出的微光，在他們的日常起居作息中，這微光就算搖曳不定，仍可照亮周遭情境，在有生之年微光撒在大地上。」

漢娜·鄂蘭的說法作為我進一步思考的背景，她描寫的黑暗時代，卻是照亮了這個時代，比喻上可以說是她的思想如一道光線照亮了黑暗，或者相反的，她以當年的黑暗讓目前的黑暗有明亮的可能性。這些只是我心裡的工作，這些我心裡的準備，我沒有要告訴你。當你說你並不恨那些離你而去的男人，只覺得他們好殘忍，竟然說是你誘惑他們。你這次再說這件事時，在口氣上更像是在苛責自己，

好像你在沈思這些男同學的話，何以你沒有完全排斥他們的欺侮呢？

你是要將這些說法都吞下來，甚至不只是比喻上吞下去，而是你的心裡漸浮動著，你想要找出這裡頭的道理。也許你是想要進一步替自己洗清，或你開始想像如果你不開始思考，自己在這些問題裡的角色，那麼除非你將所有你曾提及，但處在這裡之外的所有人都拉進來這裡，讓他們知道他們的問題，並要他們更改錯誤的地方。嗯，這是社會工程，以整個社會在進步的意識型態上的推動，自然有其必要性，是文明的象徵，也有進步的意義。

只是文明是光明，那麼黑暗呢？嗯，這個想法終於讓我可以連上，我剛剛談論光明和黑暗的比喻了。你說，其實你還是很懷念跟他們在一起的時候。你輕聲地說，在你的身體有了反應後，你會突然態度一百八十度轉變，你會突然開始生氣挑剔對方動作不夠細緻，然後就停下來了。你會更生氣，心裡想說，幹嘛停下來？但是你從來不是這麼說，而是說對方為何不體貼一點。你說你自己根本莫名其妙，在那時候說那些話做什麼？這些沒有答案的疑問就開始冷卻了，所有的一切好像是在多天，需要擁抱，但你卻把自己捲在角落，好像可以取得自己需要的溫暖。

我有些知道你的困境，部分是來自於你想要找出誰對誰錯。我想的是這能分出誰對誰錯嗎，或分出誰對誰錯後真的能幫上你的忙嗎？你欠缺的真的是不知對和錯的複雜性嗎？除了你提及的那些男人的問題外，你好像也要說你

　　眞的無法接受自己，竟然身體會有愉快的反應嗎？好像這是黑暗的問題，而不是光明的事情。

　　到底人的欲望是光明或黑暗的事？我無意重新定義，但是至少可以看得見它有兩種特質，因此讓前述的光明和黑暗相互照見的說法，都有可以想像的空間。只是在比喻上都被當作，對方的存在才能看見自己，就算是處在光明裡，光明能夠看見自己嗎？雖然我們常假設光明就是一切都是明亮的，但是在人心裡果眞有這樣的領域嗎？例如，如果沒有你的排斥，覺得那欲望是噁心的，那麼我們就很難看見人們心裡欲望的光明面，例如挑起你的愉悅感。

　　我想不必陷在爲了尋找比喻，或者變成是爲了比喻，找尋它們存在的理由，我是想要讓你知道，這些想法雖然不會在這時候成爲話題，這只會讓你沈浸在這些比喻裡，反而忽略了你正在經驗的事情和感受。那才是眞正重要的事，我左思右想這些比喻，只是試著再尋找一些語彙，看是否能夠可以剛好描述你正告訴我的這些故事裡，還有其它小通路？

　　路是要讓人可以相連在一起的。我的確需要在你所說的故事裡尋找出路，因爲就像一些政治語言，人的自由絕不會是有權力者給予的，都是爭取來的。目前看來我是先需要自由，才能有新的出路，相連結你所有的故事。但是這麼說的話，你變成了有權者，我要向你爭取我的自由想像的空間？至少要能先試著找出，你說的那些事不是噁心的事。

　　但是我真的能替你定義嗎？包括光明或黑暗。所以我剛剛的那些想法，都需要放在一旁，那只是在回答一件事，關於我的困惑，到底你是怎麼啦？有欲望不是壞事啊，但是這句話太平常了，你不曾聽過嗎？何況如果我還在找比喻來讓我有出路，那表示我還不了解你，甚至不是不夠了解你，而是還不了解你。那我能夠說我懂了，你就只要接受自己就好了，這句話有這麼簡單嗎？因為你突然說，你父母之間根本沒有愛情，他們之間只有性。天啊，這是什麼意思啊？你是如何知道的，關於愛情是什麼？

第三章
你不是愛情的結晶，只有噁心？

　　雖然我不是第一次聽到有人說，他覺得父母根本沒有愛情，他們只有性生活。但是當你這麼說時，我還是嚇了一跳。你卻是理所當然這麼想，難道我嚇一跳完全是我自己的問題嗎？我少見多怪嗎？在理論上我早就有心理準備，好像隨時準備會聽到有人這麼說。我這麼說並不表示你這麼說就變得沒有價值，畢竟有沒有價值，並不是以有很多人的量來決定的。

　　我還是回到你這麼說讓我嚇一跳的感受談起吧。因為你是談論同學之間的愛來愛去，讓你覺得很好玩，但又覺得你很難表達對任何人的愛，甚至你不確定你要愛男人或愛女人？你心中浮現的是，這有差別嗎？除了男人有陽具，女人有陰道，你心中更大的疑惑是，到底怎麼回事，人要分出男女呢？這個困惑是個困擾，你說你也曾上網看了不少資料，但是你覺得那些資料，不論從宗教和生理學，都無法說到你覺得疑惑的心坎上。

　　當你提到「心坎上」這三個字時，你突然停了下來，你沈浸在捕捉話語中嗎？或者只是讓你沈浸在某種感受裡呢？我等著你進一步說話，你卻說你要聽聽我的意見，到底是針對什麼的意見？對我來說，如果我是習慣不再只是

針對大問題回答大的解決方向，那是課堂上的主題或者大眾教育的方式，但在這裡我真的很難在你說了一些事後，你沈默了，然後突然要我給你意見，我就能給你意見。因為我無法確定，你要我回答的是已經說過的那些事，或者你其實更想要的是，我可以了解，不只是猜到，而是真的了解你在沈默時，你腦海裡的某些意念，甚至你都不知道有跑過的某些意念？你希望我能回答那些意念，或只是要我支持那些意念？

或者我需要換句話說，不是要我支持那些意念，因為那些意念尤其是對於你喜歡誰，不論對方是男是女，或者根本不在乎是男或女的課題，你只是希望我說些話，然後讓這些話就變成了一個大舞台，甚至是很炫的幾個舞台並置，可以讓你隨意變換舞台。如果你真的只是希望我這樣就好，不要說太多，也不要都不說話。但是問題來了，你只是一句話，你要聽我的意見了，這句話是多麼容易讓不安的我以為，你要問的是先前說過的故事裡還有一些問題存在，你和故事裡某些人的關係要打通，或者你只想要永遠離開他們？但是這句話卻始終難以完整浮現到腦海裡，只呈現著片斷的訊息。

那麼我要如何回應你？雖然我是愈來愈有經驗，能夠看得更仔細了，也就是在細縫裡看見更多的可能性。但是這也意味著愈來愈少有明確答案的可能性，是因為不再只是乍看之下的一兩個答案，而是在狹窄細縫裡看見了光明和黑暗，不再只是條條分明，而是交叉地存在著。抱歉，

我用了太多比喻來描述對於你問我，要我給意見這件事的想像。我是多麼希望你可以了解我這些想法，就像你希望我可以了解你，那些可能永遠也說不清楚的感受，那些只會影響著你的身體反應，卻一直很難用幾句話說得清楚的內容。

你說，父母明明就是沒有愛情，他們只有性，他們是在沒有愛的性之後，母親才懷孕，然後生下你。我起初是有些想挑釁地問你，你是如何知道父母之間沒有愛情？至於只有性，這是容易看得見的，雖然我相信你要真正了解父母的性，是生下你的原因，離你第一次看見父母發生了性後很多年，你才會真正了解那些性活動讓母親產下你。但是為了性，對你來說是噁心的，這是什麼意思？你也要我回答這個問題嗎？老實說我有的答案是太標準了，是人的羞愧感讓人對於性感到噁心。

這種答案有說服力嗎？我沒有任何把握，因為另一個問題等在後頭，為什麼會有羞愧感呢？我相信我如果跳進去回答這個問題，就會變成上課般的理論推演，而完全忽略了你有自己從小到大的觀察，和你建構起來屬於自己的性心理學。是你建構形成的性心理學，讓你覺得性是噁心的，甚至連什麼是噁心，都可能有你相當個人化的定義。那常是一系列感受和行為的集結，最後感到噁心，這只是最後被推出來面對外界的問題，並不必然是你最原始的早年反應。

你說你痛恨母親，從小就覺得你不該從母親的肚子裡

被生來，而是你的肚子該懷孕著你自己。然後你就沈默，我相信你是很嚴肅地聽著你自己的心聲吧。這段話勢必會在你腦海裡盤旋，雖然你說是小時候這麼想，只是我不確定從小或者從多小的年紀你會這麼想，或者你那時的想法和現在一定是相同的感受嗎？例如，你不希望你是母親的小孩，而是你自己的小孩，我相信你也會有所震驚吧。但是我不是震驚，我是先覺得，佛洛伊德怎麼說得那麼準，這種想法反而讓我冷靜下來。

我並不是要把你塞進符合佛洛伊德的論述裡，讓你依著他的論點過活，而是你已經過了一些日子的自己，有了你自己的私密觀點了，我如果仍要把你塞進佛洛伊德的觀點，我會覺得自己變得有些可笑。你數度在沈默後就等著我回答你的問題，但是我卻一直抓不到你真正的難題，儘管我有了前述的種種想法，我無法以很確定的方式認為我知道了你的問題，或者嘗試以權威方式回應你的疑問，我沒有那麼做可能讓你感到挫折吧。尤其我一度想要對你說，你的問題就是很典型的伊底帕斯情結啊。還好我節制著，因為我知道如果我這麼說，是以為可以化解掉你的挫折，要你以為我是很厲害的角色，但這是我要做的嗎……

第四章

你說，你只希望父母的性有愛情？

　　你說你只在乎父親和母親，不管他們是男或女，這讓我困惑了，難道你的現實感已扭曲得讓你無法區分男人或女人？不過我再仔細想，你不是這麼說的，你只是說你只在乎父母親，而不管他們是男或女。我好奇問你是希望父母的性別交換？你有些不耐煩地回答我，好像我怎麼連你這麼一點點心意都不了解。若這樣，我怎麼可能了解你呢？我很確定自己不會說出，我了解你這句話，那不是我的風格，雖然我的風格不是焦點，但是了解別人是多麼困難的事啊。

　　你回應我說，你當然知道母親是女人，父親是男人，你接著說你只是要說，父母間沒有愛情，他們之間沒有男人和女人的愛情。我起初以為你這麼說，我就了解你的想法了，你嚮往男女之間的愛情，只是無法從父母間看到，你希望看見的愛情。那麼，你企盼的愛情是什麼呢？你說你就是看不出，父母親之間有任何愛情的跡象，你特別強調了「跡象」這兩個字，好像你已經盡了最大的力量，想要從最微細的訊息裡，幫父母找出他們之間有愛情存在著。但是，結果仍是令人失望的。

　　當我想到你是否因此而失望時，我卻突然問自己，你

有失望嗎？我仔細回想你說話時的語調，不，不，我聽不出那是失望。這種失望感是我制式的反應，好像既然有人說自己的父母是沒有愛情，那一定是令人失望的結局，你的確沒有明顯的失望，反而那好像是一種機會。但是什麼是機會呢？是另有其它的期待要完成，只是一直在等待嗎？是誰在期待呢？

我能說是你的期待嗎？我這麼想著，但是這太勁爆了吧。我能對你說，其實我看見另一種實情，是你期待父母之間不要有愛情？我相信這句話是有些跳躍了，我沒說這句話，但你說父母怎麼可以只有性，卻不見有愛呢？你說你很同情父母，既然沒有愛，為什麼還要生活在一起？因為母親常會私下向你抱怨，父親不夠體貼，只忙著工作常不理會家裡，但是你說這根本就是母親的問題，你覺得父親待你很好。

如果你說的是真的，那麼你是覺得父親對你好，是因為你和父親有愛情嗎？這是你心裡的定義嗎？有可能我曾在其他人的話裡聽過類似的，她們和母親相處很糟糕，卻一直嚮往著很少在家的父親，覺得父親不在家只是為了要避開母親，只因為母親實在管太多了，是很讓人厭煩的女人。你曾說過，母親讓你很厭煩，但是那時候你的理由不是母親管太多，而是母親很怕你跟父親太親近。因為只要你坐在父親的大腿上，母親就會對你說，羞羞臉，讓你覺得母親根本不是父親最愛的人。

但是你無法理解的是，母親為什麼要和父親有性而生

下你呢？不過我卻突然有了另一個想法，爲什麼你不是責怪父親和母親有性呢？而是將重點強調是母親的問題，你說當你聽到母親抱怨父親不太理會家庭時，後來你只覺得母親很可憐。你這麼說時，我終於聽到一些不一樣的語調，你說可憐母親時，好像這是你的期待，你期待父親最好是維持這種狀態，因爲這是母親的問題，不是父親的問題。你說，不然母親不會說出羞羞臉這種話，你只不過坐在父親大腿上，怎麼會羞羞臉呢？你以自問的口氣說，有這麼嚴重嗎？

不過當我想著你說過，有次你拉著父親的手，母親很生氣的說你太丟臉了。你說你不知道母親爲什麼這麼生氣？我這時候卻想起了，母親說這句話的場景是什麼呢？因爲你只說了你和父母親互動的片段，但是背景很重要吧，我竟然一直忽略了背景。也許我只陷在已知的理論，你和同性別的母親在競爭父親，好像這個理論足以解釋何以你會出現這些舉動和感覺。

我猜想，如果那個場合是父母正在性交的時候，你闖了進來，然後母親很生氣才會對你這麼說，是這樣嗎？我無法確定，這只是我盡力地要在現場情景裡，找出合理的解釋方式，來證明你這麼想是有你的道理。如果我一定要找出合乎現實的道理，那就意味著我無法等待，你可能還有其它很難以想像，且相當不合理的方式和情境，而讓你做出這些推論，母親和父親之間缺乏愛情，卻還有性的意義是什麼？

　　我想著，如果我有這種心情，也許我比較有機會聽到很不合理，不可思議，卻是深刻影響著你的早年記憶。因為我還不了解你說的，你不管父母親是男或女的問題，意思是說困擾你的，不是男或女的問題，而是他們是你的父母這件事影響著你和父母的關係。但是這真的能完全脫離，父母是有男女區分的影響？也許我需要先保持著這個疑惑，何以你刻意提及你是不管父母的性別問題，是因為性別問題特別影響著你，但是你無法處理男女的課題？因此你先把這個問題切割掉，而集中在你父母作為父母的功能角色上，好像如果父母有性別，那會讓你更困難弄清楚到底發生了什麼事？

　　當然可能另有其它重要意義，因為當你以否定的方式來說這個命題時，就隱含著它是有意義的，只是我需要再等待你繼續說，我不是先將我所知的理論告訴你，然後要你去思考是不是那樣子？這很容易變成是一種暗示，尤其是如果你對我有正向的移情時更可能如此。

第五章
深奧吧！你說你有伊底帕斯情結？

你說你有伊底帕斯情結，你對父親有性的想像，你一直希望和父親有小孩，而且這小孩最好就是你自己。

我覺得你說了相當深奧的話。雖然當人們宣稱自己有伊底帕斯情結時，我總是抱持著疑問，這是什麼意思呢？伊底帕斯情結可以明確地被擁有者如此宣稱嗎？或者我說「擁有者」這三個字會不會太奇怪啊，伊底帕斯情結是可以被擁有的嗎？當你說你有伊底帕斯情結，是指你把它當作是一項禮物，要帶回心底深處，在那裡需要這個禮物嗎？但是你說得很自然，好像這是很自然的事，對你這樣子認識自己，我如果還有其它意見，那麼我未免太挑剔了吧。

我是難免接下來想，你到底是擁有了什麼，因為當初佛洛伊德說出了，人的伊底帕斯情結，不論是在人的心裡深處發現古老的東西，或是一種新的創造，這個詞是被改造過了，不再只是古典希臘悲劇的原來樣子了。至少不會完全一樣吧，除非我們真的相信，每個人都會重演希臘悲劇裡伊底帕斯王的故事，這是一種比喻吧。

你說，那是前一位治療者告訴你的，你也相信自己的確是有伊底帕斯情結。嗯，這麼說，你是要表示起初這不是自己找到的，是別人送給你的，也許當作禮物，而且你

說是欣然接受，是這樣子吧。我是想著，如果只是比喻，我們會當真到把它當作是一項禮物嗎？這表示你真的是那位國王嗎？是國王何時的生命階段呢？早年、中年或老年呢？不過，這個故事有一部分是在描述，國王為了知道自己生命的真相，卻是需要付出重大的代價，將眼睛挖掉變真正的盲目，來處罰自己的衝動。

但是我聽你的說詞卻好像那是一項禮物，你是高興地接受了，是前一位治療者說的，如果你從前一位治療者那裡得到了這麼重要的禮物，你也拿出來秀給我看，那麼你何以失望地離開對方呢？這也是你知道自己有伊底帕斯情結的代價嗎？離開他，讓自己不再看見他，這是一種盲目嗎？這是比喻，藉由離開的行動，做到看不見他。

你說，前位治療者是位不錯的人。然後你陷在沈思裡，如果是位不錯的人，照理會雀躍自己擁有這位治療者啊。但是你的沈思裡，隱含著更多的落寞，是你覺得被拋棄了，或者你拋棄了對方呢？不過當你告訴我，你有伊底帕斯情結，而且是他告訴你的，因此你這麼說時是為了表示，他還在這裡，就在我眼前，他不曾消失，而且是變成你擁有伊底帕情結的方式，讓他永遠駐紮在你心中，是這樣嗎？

我不是那麼確定，對於我這個想法的真實性，你還說你擁有伊底帕斯情結時，你也有對父親性幻想。你說得很遙遠，不知是否說得口氣太近了，讓你覺得恐懼，而必須讓口氣遠一點？或者那只是你童年時的想像，甚至比想得到的童年還更小的年紀時的想法？這是歷史時間的遙遠，

這種遙遠會讓你說的自己，是自己和父親的女兒，這件事更真實，或者變得更虛幻嗎？更奇妙的是，我竟然難以判斷，你現在說這件事是以前的想像，或者你現在還是這麼想著，這是能夠想像的事嗎？不過，你說出來要讓我知道你有這些想像，是要把我捲進這種好奇，或者要引發我說你是奇怪的人，怎麼會有這些不合現實的想像嗎？嗯，不，不是這樣，你的反應更像是你根本不想要我有所回應，我的回應是一種破壞，任何有道理的話都會是一種破壞？

我心頭的話是以疑問的方式出現，你說有伊底帕斯情結是真的嗎？知道且認識這個情結的人，再說出來時是這樣的反應嗎？我的疑問也許不只是疑問，而是一種質疑，或者想要敲醒你，別傻了，哪有伊底帕斯情結是可以被擁有的。不過，佛洛伊德說出這個情結，到底是為了什麼呢？我能夠替佛洛伊德回答這個深奧的習題嗎？

至少我是可以持續疑問，這種知識是要讓自己知道後有所改變，或者是擁有它變成一種虛榮，或者是一種持續讓自己受傷的方式呢？因為你知道自己不是你懷了父親的孩子後生下來的自己，而且這是不可能的事了，知道不可能並沒有讓你更快樂。但是總要有什麼可以留著，曾有這些想像的紀念啊。難道這樣子就讓你覺得，擁有伊底帕斯情結是件值得高興的事？雖然你並沒有說出你很高興自己是這樣子，就算真的要放棄某些想法，是不是需要有一些遺跡作為紀念，一如大家喜歡說的，走過的必留下足印之類，讓人感傷，但有時又被當作是鼓勵的話語。

　　這是佛洛伊德從希臘悲劇搬來這個術語的目的嗎？他應該是要讓大家知道，這個悲劇是有警惕的效用吧，具有用了解作爲改變問題的力量，讓這個知識變成力量，帶來新的文明，而不是被原本的衝動所淹沒。嗯，這一定是我的自言自語了，這是我要提醒你的話嗎？或者我的話在這時候只是在蛇上添加四隻腳，可以變成四腳蛇？不過四腳蛇已經不再是蛇了，眞的嗎？這種話有這種力量嗎？其實，我不是很確定……

第六章
什麼！你說要和父親再重新生下自己？

　　本來以爲說完了。畢竟，我本來就無意也無法將這麼複雜的情境說得很完整，因爲我根本很難相信有所謂「說得完整」這件事，只是盡力地說，甚至更常是盡力地疑問。每次新的疑問都是希望固守原本的地盤上，再有一些細縫，可以看見更多的一些故事，或者我們常說的，是一種了解的感覺。雖然我對於什麼是了解，是愈來愈感到困惑，早就聽過，來自法國的老前輩拉維（Jean-Claude Lavie）先生說過，人和人之間的了解根本是不可能的事情，到頭來其實只能互相忍受。

　　這麼說是有些悲慘，人和人之間只能這麼期待，甚至這麼期待也是一件很大的工程，不是等在一棵樹下就會出現的人生。好吧，我沒必要讓你等著我腦海裡的這些反芻，這些反芻變成我的懷念了。這眞的有些奇怪，如果你想要問我，我剛剛在懷念什麼？我只能說，我怎麼會無端想起拉維先生呢？容我先耍賴一下，我要先說喔，不，這是我個人的秘密。唉，還是說一些吧。我好奇的是，一個人如何在這行業裡，走了超過五十年，還對別人充滿了好奇呢？但是卻結論說，根本不可能了解別人，我們如果現在知道這句話，而且相信它，那麼我們走得下去嗎？

好吧，我已經沈浸在自己的想像裡太久了，需要再回頭來聽你的話語，並從其中尋找出看見黑暗的方式。只因為近來你實在太光明了，一切都說得太正向了，卻反而更像是在黑暗裡摸索無邊無際的光明。但是我一直覺得，你這些正向是走在懸崖的旁邊，你是如此輕鬆狀，我卻是一直緊盯著旁邊的深溝。我想這一定是我過度擔心了，雖然我這時候找不到可以說服自己的理由，來忽視我所產生的這些感覺。

我的腦海還是不由自主地浮現著，你提到你有伊底帕斯情結，你對父親有性的想像，你一直希望和父親有小孩，而且這小孩最好就是你自己。起初，我真的不是被你說的對父親的想像所吸引，而是好奇你如此肯定地說你有伊底帕斯情結，這是什麼意思呢？你「有」伊底帕斯情結，這是可以被擁有的情結？我不是故意挑戰你，我知道一般人大概都是這麼說，但是我要先不以一般人也這樣子，就認定你就是那樣子。因為你說話時，你更強調的「有」，這是一種困擾，或者是一種榮幸呢？在你所說的「有」裡，我很難清楚區分到底是屬於什麼？

因為從病理學角度來說，所謂有伊底帕斯情結，是指出現了對於同性雙親的排斥，而對異性雙親的親近，這種排斥或親近是很原始的力量，足以影響當事者一輩子。甚至可以說，這種病理變成了一個引擎，啓動了未來人生困境。既然是如此，照理應是你會想要排斥的說詞，但是你卻像是遞出名片般，作為自我介紹的說詞。

　　我只好假設，可能是某個人曾這麼說你，就像給你一個禮物，讓你變得愛不釋手。也就是說，你覺得告訴你這句話的人，讓你覺得對方說這句話是一種愛和關切。但是怎麼會這樣子呢？是有些奇怪，不然怎麼會將，是問題的標籤硬往自己身上貼呢？我一定在其它地方表達過這種好奇，雖然也常見，當被別人說他們有伊底帕斯情結時，他們是一直想要用力揮掉這種說法，好像這是一種很髒的東西，必須趕緊從身上揮走，不然就會有惡運上身。

　　不過，我這些想像和描述，其實抵不過你接下來說的話。你說你對父親有性的想像，你一直希望和父親有小孩，這小孩最好就是你自己。這是多麼不合現實的話啊，怎麼可能自己和父親的孩子就是自己呢？這是什麼意思呢？這是什麼樣的性呢？你自己和另一個人，叫做父親的人，可以把自己再生下來？我忍不住先偷偷再問一次自己，這是什麼樣的性呢？真有這種性嗎？或者要叫這是性？幻想嗎？我雖然知道佛洛伊德寧願說就是性。

　　但是關於你提到的性，到底是指什麼？我這樣問自己。其實先要從你的說法裡跳出來一下，因為你的說法讓我開了眼界，讓我對於性這個字的意涵，有了擴展的可能性，不是生物學教科書裡所談的那種性而已。這挑起我好奇，因為如果都說是性，可能會有兩種極端的命運值得再想一下。不過，我這些話就不再是針對你而說，因為我想說的這些話，不必然能夠增加我對你的了解。

　　例如，當我從你所說的故事和行動，歸納出那是你的

性想像，這是結論嗎？這是了解嗎？或者是某種了解，但有增加對你的了解嗎？更困難的是，你這麼說時，希望我了解嗎？是否我想了解，只是我個人的欲望，甚至只是某種隱隱的侵犯，或者你說你要和父親再生下你，根本就是要冒犯我，以這種奇怪說法挑戰我對人的了解和想像？

你是說真的嗎？或者你只是要演個卡通劇情，讓我白白在這個有趣的說法打轉，以為可以經由你這句話，發現人生的某種秘密？如果你只是開我玩笑，那麼我想這麼多豈不是變成愚蠢的事了？不過，我看你是很認真的，對於這個不合常理的想法，能夠這麼認真的神情，真的是神情，不是一般的表情。但是我如何跟你說出來的奇怪想像對應呢？你說得如此認真，我相信你是有誠意要說些什麼，但是我就算有佛洛伊德的性學理論，我仍不了解你這麼說的真正意義。

一個父親的女兒要和父親再生下自己，這意味你是自己的母親，也是自己的女兒。最簡單的說法，這有亂倫的傾向，不過在以道德來批評這個想像前，要先思索的是，何以你是如此渴望，雖然這在現實上是不曾完全發生過的故事。但是從你的說法聽來，你是多麼認真的消化這個想像，好像這個想法早就已經嵌進你的生命故事裡。你現在只是把它說出來，這是你對自己有所了解的知識？抑或是你掙扎著要成長，而成長需要一些養份，這些多年的想像是你成長的養份？但是現在你說出來後，我作為你的外在的現實，你說的想像跟我有關係嗎？

第七章
你說父母之間根本沒有愛情？

　　當你很嚴肅地說，你的父母之間根本沒有愛情，父母之間只有性，你只是父母在只有性，沒有愛的情況下，母親懷孕了，才不得已生下你。在你說完這句話後的沈默時，我被你的嚴肅淹沒了，心想何以你需要這麼嚴肅地告訴我這件事呢？對我來說，聽到有人這麼說並不是第一次，因此我並不感到驚訝，但是你的嚴肅是什麼意思呢？

　　你說，父母間真的沒有愛情，你舉的例子是，母親常常跟你抱怨父親。這些抱怨依你的解讀，就是父親根本不愛母親，而你覺得老是跟你抱怨父親的母親，當然不可能對父親有愛，不然怎麼會有抱怨不完的事呢？不過不論如何，他們之間是有性啊。這可是困擾的問題啊，至少我是這麼覺得，當你處在這些想法裡，沒有愛的性，讓你被生了下來。

　　這是複雜的問題，只是先被你切割成性和愛。也許這也符合一般的說法，性和愛要一起才是完美的愛，或完美的性。所以你要告訴我，你是不完美的性所誕生的成果，只是這有辦法補救嗎？那場性在你還沒有成形前，就已經發生過了，只是我卻必須和你一樣嚴肅，對於這個早就發生過的問題表示我的好奇。但是我能做什麼呢？對於這場

沒有愛的性，被你定義作影響你一輩子的災難，你是期待我能回到現場，阻止這件事的發生嗎？或者這就是一場火災般的災難，但你希望做消防員，闖進你父母的房間裡，使用一盆水撲滅你父母間的性嗎？或者只要將油燈拿走，你覺得這場災難就不會發生了？

我這麼說，不是開玩笑，也不是說風涼話。當然啊，我還不會說出來，因為我還處在迷惑中。雖然你這句話也曾出現在其他人的嘴巴裡。說話，但是不同的嘴巴，卻有不同的心情和心智狀態，你接著說，母親既然不愛父親，為何跟父親發生性關係？偏偏還生下你。這讓你覺得創傷一輩子，都不可能有愛了，偏偏又讓你對性覺得很噁心。你說不知道為什麼，對性，你就是覺得噁心，你問我這是怎麼回事？

我差一點想開口回答你的問題，以為我已經有了答案，那就是你覺得父母間的性沒有愛。只是我的嘴巴突然停了下來，因為對於沒有愛的性，為什麼一定是令人噁心呢？這是什麼道理呢？如果以這個理由，我必須說我不了解，因此你的噁心勢必有其它的來源，生殖系統和消化系統，怎麼會連結在一起呢？

如果我的答案是因為你覺得，父母的性沒有愛，跟你想到性時就覺得噁心有關，這種話對你真的有意義嗎？或者真有意義，才會讓我覺得奇怪呢？我只是從你說的故事裡再說一次，是你早就說出的歸因，然後我再重述一次你的說法，這就是答案嗎？如果是我真的覺得有些奇怪，

你只是要藉我的嘴巴，說出你自己同意的問題歸因？

只是你的問題是，想到性，就覺得噁心。或是你覺得父母在有愛的性裡生了你呢？就算母親後來跟你抱怨父親的種種不是，爲什麼你竟是這麼在意，父母之間的性，有沒有愛呢？這跟你眞的有關係嗎？不過你既然已是這麼感受了，我自然沒有理由以現實覺得不可思議的方式來質疑你。或者想要說服你接受某種現實，因爲如果這麼做，就是我已經有某種更合乎現實的感受，是比較對的，因此你要修正你這個奇怪不合常理的想法。放心好了，關於你這些想法，在現實和意識層次，當然是奇怪的，不過對我來說，我即使已經見怪不怪，我還是會覺得怪，雖然不是第一次聽到這樣的說法。但是我覺得怪的意思，並不是要你修正，因爲我是好奇的意思。只是人們如何入手好奇的事，是有所不同，而你讓我好奇的是你的怪想法。

例如，我會很想知道，你是在意性，還是在意愛？從你說的，性讓你覺得噁心，你的意思是你更在意父母間沒有愛，而不是他們之間有性，或者顚倒呢？不過我說我很想知道的這些命題，我假設都不是我直接問你就好了。這是撿便宜，以爲這個命題的答案，就在你意識上可以想得到的領域裡。這不是我好奇的目的，我好奇的是你有什麼還不知道的想法，推出你目前乍聽起來奇怪的想法？

這是我在回應開頭時，你的嚴肅態度，因爲談話內容是性和愛，這個千古難題，多少哲學家、心理學家、詩人以及小說家聚焦的主題。你這個乍聽有些天眞，不合現實的

想法，再配合上你的嚴肅表情，卻是讓我覺得，你的確是充滿了困惑。雖然也有可能不是困惑，而是一種絕然的肯定。這才是你嚴肅表情的緣由，一種肯定，但是這種肯定並不是表示沒有懷疑，只是這個懷疑被丟向了你的命運，為什麼你竟然在這種情況下被生了下來？這不是百分之百對命運的怨懟，而是對於性和愛被分開後，讓你的人生走向了歧路，讓你覺得性是噁心的，你在提及性的時候常常都是以這個方式說出來。也就是說，大都以談論父母有性無愛，來揭開性的話題。

我大膽地推論，這是你開展性的方式，以責怪父母的方式作為出口，但是也反映著，你期待的性不必有愛。但是偏偏當性有愛時，這感受就不是你熟悉的母親跟你抱怨時的生氣和不滿。因此你的噁心有部分是來自於，你期待的性是有愛的，因為有愛是你感到噁心的來源。

這種愛是來自於你曾突然發現，母親雖然跟你抱怨父親的種種不是，總是讓你想告訴母親，那就離婚啊。既然如此，離婚不就解決了嗎？事情不是那麼單純，因為你發現母親竟然對父親還有愛。儘管你肯定說，母親對父親的愛，一定只是一點點而已，甚至你覺得那種愛應該不是真正的愛，只是母親根本是無法一個人活下去的女人，一定要依靠父親，才會在性之外，勉強產生一點點愛。就是因為這一點點愛讓你覺得噁心極了，這種一點點的愛，讓你變成滿滿的噁心感？

你說，你很懷念小時候，坐在父親大腿上的記憶。你

一直很小心保護著那個記憶，我還不知道，要保護當年的記憶是什麼意思？要做什麼或不做什麼？但是你這麼說時的嚴肅態度，是跟你在說父母之間沒有愛只有性，才會生下你的故事時，幾乎是相同的氣氛。難道，你坐在父親大腿上，也是沒有愛的性，只因父親不如你預期的擁抱你，或者剛好相反，你要保護的記憶是，那只有愛卻沒有性的故事……

第八章
多少黑的黑暗才是勇敢？

你說你很同情父母，不知道他們何以還能在一起？

這是多麼重大的疑問啊，雖然你這麼說時，最後的疑問口氣還在，但是很快的，你更像是要說，這不是疑問句，而是一種攻擊性的句點。你就是覺得，父母早該分手了，你說你甚至曾問過母親，但是母親不是不回答，有次甚至還很生氣說，你管太多了。

但是你更委屈。你覺得如果是這樣子，那麼，母親何以一直要在你面前，抱怨父親的種種不是呢？我想著，是有什麼想法被連結起來，讓你覺得母親跟你抱怨父親的種種不是，就表示父母是該分手的？或者是有什麼連結被你踢走了，讓你無法在這種矛盾裡找到新的出路？我所說的新的出路，不是我早就知道然後馬上指出一條明路，讓你走的那種明路，而是至少母親也不同意你的推論，因為在她的想法裡，並不是抱怨父親就是要和父親分手的意思。只是顯然地這條路被你親手打通了。

或者你雖然已打通了這條路，卻又親手架設了種種障礙物，讓這條路看起來窒礙難行。至少你一直想要說服的母親，不走上你建立的這條路。至於這些障礙物是什麼呢？是造成我先前所想的，有一些連結被打斷了，只是在你心

中是可以飛行過這些被打斷的連結，這讓你忽略了困難，以為母親應該看清楚你所提供的路。其實因為你同時讓某些連結形成斷路，是你視而不見的障礙，我也不知道且還看不到的障礙，因為你還不自覺這一點，因此變成你我和母親都陷在盲目裡。

因為你的不自覺，所以你不高興為何母親不走你提供的這條簡便路，就是母親要和父親分手。我當然會提醒自己，不要在盲目的狀況下就以為了解你，而提供一些建議給你。不過這樣子還是會有問題，因為你會不滿意我，為什麼沒有站在你這邊，支持你的想法。

但是你的說詞是，你同情他們，是同情誰，父親或母親？我聽起來是你更傾向同情父親，卻不是同情母親。因為你特別強調，你很看不起母親，是看不起，而不是同情母親。看不起和同情應該是很不同品質的情感吧，雖然我還是提醒自己，也許先保留吧。不知道你的感受裡，是否這兩者之間也有通路，是在相同的起點或相同的終點，也許我這些想法是太抽象的推論，因為缺乏你提供的素材作為背景。不過，有部分原因是，目前為止，就算我曾試圖邀請你多說些細節，但是你再說的仍是一些相同的說法。

你說的，仍是母親跟你抱怨父親的種種不是。至於是什麼不是，卻一直是藏在心中難以說出口的故事，或者那些故事如果被說出來會暴露出你的狀態？你更在意的是，強調你經過多年後所做出的結論，這些結論就是你重複告訴我的話，讓我必須要找出一條路闖進去看看，才有可能

知道你談的父母間的細節。這是你無意中替我設下的路障吧，讓我找不到連結點。

我只能在你提供的有限結論裡，想像你到底是怎麼回事？這讓這些結論不是提供訊息的光線，反而更像是一片黑暗，讓我陷在黑暗的故事。雖然你是要我了解你，並且選擇站在你這邊，期望我可以和你一起和母親對打，因為你說，到目前母親仍然控制著你，讓你無法做自己。你只能被動承受母親不願和父親離婚的代價，你說，都是你在承擔這個代價。

我問是什麼代價？你覺得我這麼問是愚蠢的，你說，你早就告訴過我，你所承擔的種種代價。嗯，我並沒有覺得，你這麼說是冒犯我，或是你根本故意這麼說來激怒我，因為我是真的相信你，的確已經傳達了你所說的那些代價，這些答案是在你曾經說過的故事，或者在說那些故事時的言外之意裡了。

不過，就算我同意你已經表達過了，並不是說我就已經知道了。我只是有這個想法來承納你說我的愚蠢，只是我總不能為了表現出，我不是你說的那麼愚蠢，我就自以為是從你所流露過的訊息裡，確定你說的代價是什麼？因為我的經驗早就讓我知道，我需要等待那些不可思議的額外驚喜，是喜嗎？我不確定，不過我此刻腦海裡是浮現「驚喜」的說詞就是了。

就先不管是不是驚喜了，不過一定不會是你罵我愚蠢，然後我覺得驚喜，有趣的是，當我想要跳開這個念頭，為

什麼我覺得是在等待驚喜的答案？你說尤其是在你小時候，只要你拉父親的手，後來母親就會對你說，不要臉。你說，一直不了解爲什麼母親這麼說？就像我現在不知該說什麼，難道你眼中，我的愚蠢不只是愚蠢，而更是不要臉？這是怎麼回事，我怎麼會在愚蠢和不要臉之間，不設障礙地開通一條路相互直通呢？有些值得想的謎題在裡頭。

如果在其它場合，將愚蠢和不要臉混在一起，好像它們是同一掛的，這可能有些奇怪，但是在你說話的這個場合裡，我卻覺得這是同掛的說詞。

先順著我的想像來推論，是在什麼情況下，愚蠢會被等同於不要臉呢？不是愚蠢本身吧，而是有某些事情發生著，且被定義作，是愚蠢。內容可能是這些被你當作是明顯的事，而我卻忽略了，使你覺得我是愚蠢的？我想起了一件事，在幾個月前，你曾問了一個我難以回答而保持緘默的話題，你以順便提過的方式說，如果你不小心跌倒，我會不會伸手扶你？當時，我是以抽象想法假設，你只是要我答應能夠幫助你。

不過現在這個想法卻讓我覺得，你的期待是很具體的，你希望我伸手扶你，如果這件事情真的這樣子發生了，那我就馬上捲進了，你所說的不要臉事件裡。雖然這種捲進是間接的方式，在那時候，我沒有聽懂你的話，這讓我早就陷進了愚蠢的情境裡了。看來，你是一直原諒著我的愚蠢，才讓你依然告訴我其它的事情。所以我是在不知道自己的愚蠢下，聽著你的故事，雖然我不致於覺得我已經很

了解你，但是情況比我想像的還要更處在黑暗裡，我早就
被你當作是愚蠢的人了。

　　這是我了解自己在這個過程的某種方式，是否我不自
知愚蠢，卻仍以為自己可以是了解你的人，這是否是不要
臉的開始呢？我還再勇敢的想下去嗎？

第九章

道德的尿撒在父親的褲管上？

　　我是後來才想起這件事。

　　已經過了好幾個禮拜了，你說父母只有性，沒有愛時，口氣就像是位小女孩般的羞怯反應，何以如此呢？我這個疑問是當場就出現的，但是看來我是被這個疑問給淹沒了，因此後來就一直沒有再想到這件事。

　　當我再想起的時候，是你這次來，頭一直低低的，好像做錯了事的模樣。這時候，我對於你做錯事的神情，是想到你先前的羞怯反應，做錯事和羞怯之間的關係是什麼呢？這是新的疑問。我記得，你當時是強調內容，父母之間只有性，沒有愛。只是這時候，我覺得你提到的性和愛，被二分法切開的感受，意味著那是很原始的反應，而且是很少被思考的反應。何以性和愛，一定要相關？我不是要提供其中的道德感，而是回到你的命題，讓我進一步想像的是，你覺得那是一種創傷，既是創傷，一定有心理意義要告訴我，要讓我知道，我自然要先避開道德式的反應。

　　也就是說，從你的反應來推論，如果你覺得父母間只有性，沒有愛，是讓你覺得受創的結果。我還是再整理一下我的想法，我的新疑問是，你覺得父母有性無愛是你受創的原因或是結果？為什麼可能是結果呢？這個時間軸的

前後關係，涉及的只是時間前後的關係？或者不只如此？
它們之間還有某些因果關係，只是我想著和你不同的方向，
如果被你當作是受創起源的原因，是父母有性無愛，而我
卻覺得是否有可能是，你在有創傷感受後，出現了你覺得
父母有性無愛是問題，因為我只是好奇，一個人在多小的
年紀可以知道，有性無愛，是什麼意思？

　　我並無意要馬上去探究，何者為因，何者為果的疑問？
畢竟，這是我的疑惑，是我的問題，不必然是你的問題。
但是我需要在你深信的角度外，另有其它不同的角度，就
算我的態度有些刻意，也是有所價值的。這種價值不在於
因為站在你的另一邊看事情，然後提供你不同想法，而是
更在於我除了將你的問題塞進已有的理論外，我需要有更
大的空間來想像其它可能性。因此我刻意採取不同的角度，
更是在於創造可以思考的空間。

　　因此我從你的羞怯和做錯事的反應來想像，如果要以
你的立場來想像，到底何以你會推衍出，父母有性無愛是
你生命困頓的來源？對我來說，嘗試推衍你是如何推衍出
這個結論，是更重要的心理過程，因為你只告訴我你的結
論，但是既然你已知道結論，為何問題和困頓依然存在？
這意味著這個結論仍有需要再詳細分析的地方，而不是只
在這個結論上打轉。至少，我是這麼想，因此我像是要在
你結論的網子裡，尋找其它的活動空間。

　　畢竟，如果我無法掙扎出另一個思考空間，最後勢必
只能跟你的困頓起伏，而感到無奈，然後變成只要處理這

種無奈就好了。也許最後是如此，但走到這種階段前，是否另有其它的可能性呢？因此我再推想，如果你曾提過的，當你年紀小，坐在父親的腿上時，你就曾想過，如果因此肚子裡有了孩子，那怎麼辦？你說，你很確定當年是這麼想的。這讓你急著想要從父親大腿上爬下來，但是父親卻硬抱著你，不讓你爬下來。雖然現在你知道，父親是怕你跌下來會受傷，但你現在仍覺得在心理上，你是受傷的。

你說的心理受傷是指什麼呢？是父親不讓你離開他，尤其是在你覺得有不可思議的想法正在燃燒著，你的想法或說是燃燒著的欲望，因為父親不讓你離開他的大腿，而變成了不可收拾的遺憾。到了今天，仍然是個無法解決的遺憾。因為當年燃燒的遺跡，自然不可能從你的心中消失，它一直就在那裡。但是隨著時間過去，對於你無法從父親的大腿上下來的經驗，你開始有不同的說法，只是這些後來的想法，離原先的感受愈來愈遠，只留下遠的感覺。

這種遠的感覺讓你覺得，你離父親愈來愈遠，這是你不願意的結局。只是記憶上是這樣子發生，每天醒來後，就會有一些改變，這是多麼令你驚恐的變化吧。好像你離自己也愈來愈遙遠，你拼命想要捕捉住自己的樣子，不過，回頭看，就算你努力捕捉，自己總是會消失不見了。這是你根本無從知道的，因為已經消失的就消失了，你是這麼說的，覺得自己就這樣子，註定是沒有辦法有能力愛人，只能一輩子孤獨了。你是為了守住這個秘密，才讓自己變得愈來愈孤獨。但也愈來愈有理由，父母有性無愛，造成

了你至今的所有問題和困頓。你將這個想法告訴你遇見的人，但是他們聽完你的意見後，卻發現你另有其它的想法，雖然你堅持父母的關係就是那種樣子。

當後來浮現這個念頭，父母間有性無愛，才是你問題的真正源頭後，你才整個人放鬆，或者說是重新生了下來。經由這些想法，你讓自己再重新受孕和重新出生了。但也因此讓你被綁在這個想法裡，很難脫身，來重新定義自己，可能是你讓自己綁在這些想法裡。

後來你尿尿了，將父親的褲子弄濕了，你覺得好放鬆。你終於把自己生下來了，那是父親不願讓你從他大腿上下來的代價，或者是一種成果，卻是你曾經覺得自己做錯事而感到羞怯。但是你只能繼續強調，父母有性無愛，這是你這一輩子有問題的起頭。你心中漸漸出現另一些想法，但是你需要堅持，父母是有性無愛，這樣子才能繼續把握著，你覺得自己是孤獨的人，沒有人可以了解你。就算我猜了不少，有些猜對，有些是錯得離譜。但是對你來說，這種堅持，讓你一步一步成為孤獨的自己。

第十章
父母的性遊戲要替小孩負責愛情？

　　你只是父母在性遊戲後，才被生下來的人，覺得自己就這樣，註定是沒有辦法有能力愛人，只能一輩子孤獨了。這次提到這幾句話時，你的神情卻不像先前那般悲傷，臉部表情出現一絲希望的亮光，有了一抹微笑。

　　我的困惑再度蒙上另一層不解。對於你再三提到的父母間的問題，你始終堅持你的問題，和父母之間有性無愛有關。雖然我是極力提醒自己，我要有其它的視野，即使被侷限在你的視野下，我是不能只是接受你的論點，要能夠刻意地想像其它可能的角度。我畢竟不能只是空想，仍需要沿著你所提出的故事，不然反而會變成我是以我的角度，來引導你看父母之間的問題，這不是我要的角色。

　　你今天讓我多了一層困惑的，是你的微笑，雖然只是短暫，我也不是直接正面看見你的微笑，但是從你臉部肌肉的抽動，你的口氣是可以聽得出這種感覺。我無意跟你爭辯，是否你真的有微笑過？我只是先從這瞬間的現象，先做一些推想，作為我不再被你的說詞侷限的方式。

　　依理來說，是你缺乏父母的愛，有可能你因此無法有能力愛別人和愛自己。但是這個說詞跟你描述，你和男同學之間的互動是不同的故事。在那些同學間的故事，你是

充滿了愛情，至少可以說你是充滿了愛情的期待，甚至，你覺得你付出了你的愛，至少這是你曾說過的話，只是你的愛的結局常是帶來男同學的誤解。他們都感到困惑，覺得你的愛後來都讓他們很困擾。

因此我的印象，你不是沒有辦法有能力愛人，而是你愛人的結果是讓你受挫，是讓你難以理解的，或者甚至是讓你不要多了解。因為已經不只一位男同學難以接受你的示愛，你曾以為是表達方式的問題，因此你曾問過一些人，也曾要我給你意見，只是我的確不曾針對這點，給過你想要的意見。因為我是覺得問題不在於示愛的技術，至於真正問題出在什麼地方呢？其實，我仍無法精準描述。

我只能說就是怪怪的，就在於你無法相信，那些男同學可能會愛你？因此你總是需要透過很多間接方式示愛，你的方式有某些科學的過程，但是對於所收集的訊息如何解讀才是問題所在。因為你的解讀就像那些不相信昂貴儀器檢查身體後，被告知沒有問題的人，你仍覺得儀器可能有所不足，你就解讀那些男同學是沒有愛的人。因此你覺得需要做些更大的動作，去激發他們的愛，只是這些動作卻是帶來了他們的卻步，覺得你真是莫名其妙。但你覺得，他們是沒有能力愛人，才會覺得你莫名其妙，這是他們的問題，不是你的問題。

當一個現象發生後的話題，是集中在檢討是誰的問題時，我就很警覺了，這種檢討是不可能找出真正的問題所在。不過，這是一致的，就像你覺得父母是無愛有性，看

來這些男同學被你當作沒有愛的能力是可以理解，畢竟連父母在你心中都這樣子了，大概你很難覺得別人是有愛的。但是你對於自己是否有能力愛人，卻是矛盾的，只是這種矛盾是我的觀察，你雖然在不同時候要展現你的愛，但是某些時候，又說自己是沒有能力愛人，這兩種現象間是被切割分離的存在，當它們各自呈現時是理所當然，因此你不覺得它們之間有矛盾的存在。

不過真正問題在於，這種矛盾很容易導向，讓你知道自己的矛盾，也許你就可以了解別人的問題。我指出這種矛盾卻只是讓你更淡漠，好像我的見解根本就是沒有用的說詞，是種浪費時間的指正。我的確有指正的意味，甚至覺得你該先知道你自身的矛盾，然後你才有可能了解，男同學是怎麼回事？以及，父母之間到底是怎麼回事？

不過從你的反應看來，是我的期待出了問題。就算你了解自身的這種矛盾，又如何呢？因為你也說了，問題是出在缺乏愛的能力，這種缺乏是否可能在了解這些矛盾後，這種愛的能力就會跑出來愛人？如果是缺乏愛的能力，這是如何慢慢培養的課題，而不是指出有什麼矛盾後，這種缺乏的能力就會展現出來。

或者我需要勇敢問自己，我從你的身上感受到，你有愛我的能力嗎？如果我覺得你有這種能力，那我就不可能接受你是缺乏愛的能力，而我的確無法很精準定位，因為不確定你只是把我當作一種東西來使用的愛，或者是愛我這個人？作為一個人，也許這兩者之間有很寬廣的可能，

不過我倒是確定，你是處在兩端點的某個地方，但比較接近將我只當作某種你可以使用的東西。

至於在無愛的說法裡，我的猜想是，不必然完全沒有愛的能力，只是問題可能在於，你提到有性這個說法，雖然你說有性時，總是把有性無愛連在一起談，而且是針對你的父母。是否你這種說法本身，就是在防衛有性這種欲望，只是一直以無愛作為遮掩，也就是把焦點一直聚焦在無愛，而讓有性這個感受和想像，變成不存在了，表面上變成了無愛無性。

但是男同學覺得困擾的是，例如，你曾經很婉轉地問他們，你要穿幾號的胸罩才會顯得更有魅力？只要你提出這個你認為最具代表的問題，就能測試男同學是否有愛的能力？但是他們都是一副很不屑的表情，然後你和男同學的故事，就斷送在這個不屑的表情裡，你突然停止了，好像這個世界裡你最關切的課題，就是停在這個具有測試力的問題上。

更困難的是，你是如此無辜的表情，相對於男同學的不屑表情，你的無辜表情看起來意味著這條路還很漫長。換另一個角度來說，你無辜表情裡，卻是最豐富的世界，只是這個豐富的性和愛的世界，都濃縮成你表情上的無辜。而無辜的成功上場，是你那抹微笑，正在慶祝你的成功。你的成功帶來的，仍是原地踏步，但是如果變成我要拉著你，趕緊往前走，就變成是我的欲望在引領你，而不是你的欲望在開展，我需要再說什麼嗎？

第十一章
沒有愛情的精卵竟然可以長出小孩？

我正納悶這到底是怎麼回事？

我正要開口時，你卻馬上說我一定覺得很奇怪，你為什麼有高興的感覺？我正要表達好奇，對於這個我剛剛看到的情景。你馬上接著說，你充滿無奈的苦笑。

我不是納悶怎麼回事，若是如此疑惑，也是問我自己，而不全然是針對你。因為我剛剛在你再度提到，你企圖引誘某位男同學時，結果失敗了。我的腦海正盤旋著，是否指出來你的作為，只是要證明你是有能力愛人，卻是以性的誘惑為方式？但是我猶豫了，因為我是帶著責怪的意味，想要你看清楚，愛人和發生性行為是兩件事。

不過，是不是兩件事，並不是你現在的焦點，誰來規定性和愛是同一件事，或是兩件事呢？有誰能替這個問題立下大家都遵守的定義嗎？這些疑問讓我停了下來，原先是想像，如果指出你混淆了性和愛後，你就會不再老是重複說和男同學間的事，一些只是讓自己挫折的事。但是我如果強要說服你，我相信會讓你更挫折吧。

我的難題是，你堅持自己的所有問題，都是來自於父母間一場沒有愛的性交，才會有你的誕生，也種下了你今天的命運。但你說不會屈服在這種命運底下，你一定會讓

自己活出有模有樣。目前從你所陳述的，有模有樣，大都是你的挫敗經驗，你在男人面前的失敗，但不是所有的男同學都讓你覺得挫敗，因為你說有些男同學一直想要親近你，但你採取全然的拒絕，你說不能讓這些人有一絲絲的想像空間。

你是挫敗的，面對那些你想要誘惑的人，你總是失敗，但是每天開始你的誘惑行動前，你都做了足夠的觀察，才決定要針對某個對象。只是到目前為止，結果都是判斷錯誤，但是你這麼說時，並沒有要思考何以判斷錯誤？這些結果反而更加強你的決心，好像這就是「做自己」的決心。但是我不能教你說，你要省思一下何以會判斷錯誤？這好像是我同意你的作為了，而且我自以為自己的說明可以讓你一次就成功了。起初，我的確是這麼想的，我不曾告訴你就是了。因為前陣子，你丟出來的訊息是你的失敗，是我沒有幫上你的忙，才會讓你重複地遭遇挫敗。因此我的確一度以為只要我幫你判斷，如何做才不會老看錯人，表錯情，那麼你的成功就不會再來怪我是位沒有能力的人。

仔細想想，這是我的事嗎？教你如何正確地找到你可以誘惑的男人？然後呢？你所謂成功的誘惑，是指什麼呢？你的說詞是和對方上床？雖然我可以再追問，你所謂的上床是什麼意思？是指性行為嗎？或者只是兩人在床上？但是這不正是發生在你抱怨的，父母之間的有性無愛嗎？因此如果依照先前想幫忙你的衝動來看，乍看是讓你不會覺得我是沒有能力幫助你的人，但是如果成功了，卻只是讓

你重複你眼中父母之間的舉動。那是你一直批評的，雖然我不知道是否真的有機會，能確定你所說的，父母之間是有性無愛？這如何證明呢？就算父母都同意了，就表示當年一定是這樣子嗎？不過你並沒有要父母，或者要我幫你找出證據，協助你證明這個感受的正當理由，因為你早就肯定自己所說出來的現象。

也就是，你早就有自己的證據了。我是一無所知，但是你的行動和決心，都在在顯示，你覺得就是那樣子，根本不必麻煩到要找證據這種事。

你等了一會兒又說，我一定不會相信這是無奈的苦笑。我更覺得納悶的是，何以你今天在猜測我的心裡反應？而且似乎都是猜得有些對。我是無奈地苦笑著，在我的心底，難道我有表現出來嗎？你何以竟是猜對我的反應？我卻正想要告訴你，你猜錯男同學的反應了，難道是我自己猜錯了，不是你猜錯？你對那些男同學的判斷，都是正確的，一如你今天猜對了我的心裡反應。或者只是種湊巧，讓你說出我無奈的苦笑，只是如果我一昧地將你的反應只當作是湊巧，我的了解是什麼呢？

如果你的判斷都是正確的，也就是，那些男同學都會在最後關頭拒絕你。這是什麼意思呢？這是你原本的期待嗎？但是如果這樣子，你何以都是以挫敗的神情，來描述這些互動呢？難道這種挫敗感是另有它因，不是你說出來的，被男同學拒絕這件事，而是被拒絕這件事讓你挫折，而對象不是男同學，是另有他人，是指你的父親或者我的

拒絕？

　　你說著你的故事，在我的面前，你說這些故事，雖然是過去的歷史故事，但是顯然這些故事裡的某些要素，例如情感等，到現在都還很活躍著，彷彿過去故事裡的某些元素再度活過來了。這些跟我有關係嗎？如果說是沒關係，為什麼你的不安和生氣，老是衝著我來的感覺？只是我感受錯了嗎？但是當你說，我怎麼老是保持沈默，這只是要我給意見嗎？或者我已經在故事裡，你所鋪設舞台上故事裡的某個人，是我的替身，或者你已經把我拉上舞台了？

　　但，這是了不起的發現嗎？我不是很確定。

第十二章
孤單需要幾把刷子？

是在一陣沈默之後吧，你剛剛說了，對母親的依賴父親，實在讓你受不了。這不是你第一次這麼說，我嘗試著聽和想像，是不是這次的說法有不同的意思？雖然表面的說詞是一樣的重複，但是重複就只是重複嗎？這當然是挑戰，因為我如果硬要想像和推論，你的重複說詞裡有不同的意義，那我可就要費不少心思了。

我無法說，我每次都能很成功地這麼想像，因為我常常是覺得，你怎麼，又來了？意思是你又重複了，怎麼這麼了無新意啊，這樣子過日子，當然是很辛苦。其實我知道辛苦的，不只是你，也包括我。所以到底我們在做什麼呢？日子怎麼會過成這樣子呢？到底出路在哪裡呢？

是啊，好問題，出路在哪裡？也許你的重複就是在原來的通路裡，一直在找著出路，不然你不會談這些話題。是不是預設著這些話題裡，一定有一些裂縫存在，只是還沒有被看見。這些裂縫和原來的生活相處太久了，因此已經很難一看就可以看見，或者某些故事的背後是有密門，總是要重複敲看看，說出來聽聽，是否有不同的聲音迴響，來判斷後頭是否另有密門？

好吧，這些是你沈默後，我腦海裡浮現的一些想法，

是我自己在找出路吧。

　　嗯，看來在沈默後，你是找到出路了。雖然我聽了反而納悶起來，這是走向光明或黑暗呢？不過我提醒自己先不急，你後來主動說，你昨天遇見了真正愛你的人，起初，我是忽略了重要字眼「昨天」，這兩個聲音所代表的真正意義。因為聽你說話的態度，你和對方是老朋友的模樣。

　　你接著說，那是在偶然情況下認識的朋友，你說，才跟對方說了一會兒話，對方就知道你的心情了。你這麼說時，挑起我熟悉卻有些膽戰心驚的感覺，你這麼說的意思是指，你們認識不久，只是你覺得人和人間的相互認識，不是時間長短的問題，而是感覺的問題。也許這就是替潛意識代言的最好例子，沒有時間感。如果有時間感，那也不是最重要的事，不過如我剛剛說過的，想到這些時，我是心驚膽跳的，替你擔心起來，在這種思慮不周的情況，是否會讓你陷進某種險境裡？

　　不過，我的心情看來和你是不同調的，你沈浸在喜悅的氣氛裡，而我卻反而開始沈重起來。你要高飛，而我的任何出聲，卻可能是子彈，要射下你喜悅飛翔的心情。難道，這是我的角色？如果作為守門人，替你擔心那些未來可能發生的事，我可以說服自己的是，這些場景好熟悉，但是這種熟悉是我認識和了解你的意思嗎？這種熟悉感，只是我充當道德守門者的正當理由嗎？或者我需要說服自己，接下來誰會知道怎麼回事呢？我是否要收起我的擔心，畢竟你也是走過有風有浪的人生，是你自己親身走過的人

生，只能以語言說出一小部分的人生。

　　你現在是在詮釋你自己的選擇，針對那對象，你說你不曾遇過這麼了解你的人。這句話讓我開始有明顯受傷的感覺吧，如果要細究你說詞的意義，你是覺得以前認識你的人，包括我在內，都不是那麼了解你，或者根本是不屬於了解你的人。我要把自己擺在什麼位置呢？我不服氣吧。我怎麼可能不了解你呢？我剛剛還因為覺得了解你，而替你擔心，甚至一度浮現，這是光明路？或是黑暗的未來呢？難道，我這些擔心是多餘的嗎？這不是基於了解你，才會出現的擔心嗎？我甚至還要自己先扛起這些擔心，還要左思右想是否要告訴你，我的擔心？

　　仔細想想你的說詞，就算只是一時之言，也是有些道理吧。當我還在左思右想時，就表示我對你的了解是有限的，不然，何以我會難以決定要如何說，你才不會覺得我在攻擊你，你才會願意想一下我的想法？這些不確定都在在表示著，我對你的了解是不足的，不僅僅因為我覺得要有所自制的原則而已，而是涉及了我對你的了解有多少吧。我這麼想，就不會讓我想要反駁你剛剛說過的話，你說不曾遇過這麼了解你的人時，我是覺得被你踢出去了，我是處在了解你的人的行列之外時，我需要再把自己找回來。

　　我需要找回來自己，但不再是以了解你的身份對你說話，而是被你剔除在了解你的人的名單之外。對我來說，這是挑戰，我如果先放棄了，就是我完全認同你的表態了，難道這不可能是一時性的說詞嗎？我怎麼把它當作就是你

人生的結論呢？要下結論，還很早吧。何況我怎麼會只因為你一句感性話語，就這樣子陷進了，我是出局的人的感覺呢？這實在太奇怪了，我需要再冷靜想一下，這種感覺是怎麼回事？不會只是這句話的作用吧？

你接著說了和對方互動的一些細節，關於你覺得那人是如何了解你，讓你不再那麼孤單。我想，我沒有問自己的是，你何以要描述，和他互動當刻的那些細節？在我面前展開，我也就是其中的一份子了？所以你說的這些細節，是要邀請我跟著你們一起上路，你們就要往前走了，提醒我不要再留在原來的我，自以為了解你的那個我。好吧，就算是你在明天可能被他拋棄，或者你拋棄他，這又會怎樣呢？

你說出了一道遠遠出口的亮光，這樣子，你就不再孤單了。是怎樣？在我面前說你的孤單，我真的是不被看見的人嗎？不，不，我要節制一下，這種想法太衝動了，畢竟一個人要在另一個人面前，覺得自己不孤單，這不是那麼容易的事吧。何況你也間接表明，你在我面前的孤單，我要說什麼或不說什麼，才不致讓這種孤單感更突顯呢？顯然地，我不能以期待，你在這裡是不孤單的，作為我的功能有用否。因為你只是說出了，你真的很孤單，難道你不能這麼說嗎？

第十三章

沒有愛情的精子和卵子如何打招呼？

　　你說，你認識不久的男朋友，對你很好很體貼，是你從來不曾有過的經驗。但是你不允許他碰觸你的身體，你只允許他牽你的手和親吻你的唇。我相信你是沈浸在愛情裡，但是卻說你不覺得這是愛情，如果有愛情，你不會不允許他碰觸你的身體。如果是愛情，你一定也想要和他有更多身體的接觸，但是你覺得自己沒有這些身體的衝動，因此你不認為這是愛，雖然他一直說很愛你，要你做他未來的伴侶。

　　你沈浸在區分是不是愛情的定義裡。我不知道你這些定義的由來是什麼，只知這不像一般常說的定義。但你倒是很享受他的體貼，「體貼」這兩個字從你的嘴巴說出來是有些唐突，因為你使用的意義是相當抽象化的體貼，當然這也是一般人常使用的方式，只是在你說這件事時，由於你特別強調，你不讓他碰你的身體。如果體貼這兩個字的原意，跟身體有些關連的話，到了你的形容裡，它幾乎是完全脫離身體的意義。雖然我所說的身體的意涵，並不是只有狹義的性，只是你特別強調它的無性。

　　我當然不是只為了討論文字的意義，雖然字的意涵和分析也是重要的課題，但是在這裡我被吸引去注意的是，

你接著說自己不再那麼介意父母的事了，你覺得自己根本沒必要在意，當年父母之間是否有愛情？你的推論是怎麼來的呢？照你的說法，是和目前男友間是種無性也無愛的體貼關係，或者只允許手和嘴巴，也包括接吻時的舌頭，充當所有欲望結合的代表物。其它的，你都絕不允許碰觸。在這些條件下，你覺得他的存在，讓你不再介意父母的事，所謂父母的事，你指的是父母之間缺乏愛情。

你的說法當然讓我好奇，這位男人的出現，以及在你限定的關係裡，讓你回頭覺得不再介意父母之間缺乏愛情，對你所帶來的影響，是因為你自己創造了新關係，來取代父母的關係？因為你目前和男友的關係，取代了父母的關係？我這麼說，應該是有些抽象，我只是好奇你創造了和男友間的關係，你覺得牽手和親吻，不是愛，也不是性。我還不知道這是否表示，你做這些舉動時身體都毫無反應？我指的是性欲的反應，或者有這些反應，但是你的身體反應被定義為，那是無性也無愛，而且這種關係可以取代父母的關係，讓你不再覺得父母間無愛但有性的性，只是如你目前所做的牽手和親吻的範疇。

這樣子，父母的關係至少如你目前正親身經驗的，並不是多麼不好的事啊，這是你自己創造類似的故事，來實驗父母當年的關係嗎？我還沒有答案，但是你的確進一步強調，你根本沒必要在意父母當年是否有愛情。不過，你更在意的是，父母間有性，而且不只是牽手和親吻的性，才會有你的誕生。你覺得自己的誕生，就是一件人生最大

的錯誤，你不該在這種情況被生出來，你覺得愛情很重要，如果父母間有愛情，你的命運就不會像現在這麼糟糕了。

現在，你在新創的關係裡，讓你不再在意父母的當年，我不知道這種不在意是否能持續，而減少你和父母之間的衝突？如果真是如此，那也不壞吧，因為你一直覺得沒有幫上你的忙的地方，就是沒有方法讓你和父母間可以減少衝突。你甚至曾說，你已經降低對我的期待了，因為原本你是期待我，要讓你和父母間有很好的關係。

只是你的說法在你目前限定版的男友關係裡，可以讓你回頭，不再在意父母當年的故事，這是讓我好奇的結果。雖然第一個感覺是，這會不會太過頭了啊？你甚至想說的是，有了目前的新關係後，你甚至不覺得自己曾經對父母有那些抱怨了。為什麼這些曾有的抱怨，可以被這樣子就抹掉呢？這是可能的嗎？會不會只是一時的視而不見，因為你像是出生時剛睜開眼睛，就看清了父母間缺乏愛情了。但是陷在限定版的男友關係裡，卻讓你變得視而不見父母的過去，這是可能發生的嗎？

我可能問錯問題了。因為我過於納悶，現在，在你的想像裡，在我的眼前，你就是這樣子說啊，所以你是要我也完全忘掉，以前你所說的父母的過去史，你強調那些都過去了，甚至不是過去了，而是更徹底的感覺到那些事不曾發生過。嗯，不，不，我想到了不是不曾發生過，是我想錯了方向，你的說法和感覺是，你現在和男友的關係，在你限制的接觸方式裡，你是重演了父母當年的關係，重

演，並不是好的形容詞，是現在新發生的經驗，足以取代一直存在的感覺。因此不是重演，而是發生了新創的關係後，讓原本介意的感受被納進新的關係裡，因此好像消失了。雖然還可以說，雖是新創的限定版關係，但仍可能是來自原來版本的修正版。

我試圖推論的是，首先，不想因為覺得你只是在逃避問題，只是以目前的新關係來掩蓋原本長期介意的父母問題，也許仍有這種可能性，如果這麼想，只是讓我陷在想要拿這新關係作為子彈，來攻擊你的逃避問題。但是這個想法和作法，並無法改變什麼，只是加深你在孤單時，更覺得我是難以了解你的人，也許我就以其它方式來打開新的可能性。

雖然這麼想時，一時之間，會讓你覺得我真的不了解你，因為以前的了解，都被抹掉了，而這個新關係只是讓我很擔心，你是否在重複傷害自己？但是你卻是沈浸在新的關係裡，好像這新關係比和我談自己的往事更有用，一下子就解決了，你多年來的困擾。你不是期待父母要重新有愛情，而是為什麼他們不曾有過愛情，卻只因為有了性就生下你，讓你一直受苦，既無法享受愛，因為無法愛也無法享受性，那是噁心的事情，現在在你這個限定版的男友關係裡，好像一切都解決了，如果我擔心什麼，那是我個人的問題，而不是你的問題。

第十四章
噁心的方程式裡有愛情嗎？

　　我是有些混淆了。原本你以各種方式要讓我知道，你對於父母不離婚的事覺得很無奈。有時候，你對我有些生氣，讓我覺得那種生氣，也許有針對父母狀況的生氣，但是你不認為自己對父母的不和又仍在一起，會感到生氣。你強調，自己只是無奈，因此你的生氣是對著我，但我何以讓你生氣呢？你重複說著父母的愛情問題，你是說父母間沒有愛情，你的證據是母親常跟你抱怨父親，在生活細節上的種種不是。你覺得，那就是之間缺乏愛情的堅實證據。但是連母親都很生氣，你這種結論。嗯，你也提及母親的生氣，不過我並非硬要指出，你有生氣之類的情緒，我不認為你知道什麼是生氣，什麼是無奈，然後就如心理學教科書上寫的，你認識了你的情緒，然後你就知道要如何改變了。

　　無奈和生氣，哪種感受對人的生命品質會有比較大的影響？這很難回答，不過在你身上我倒是感受到，無奈是更讓人無望的感受，我試著想像，當一個女孩希望和父母更親近，希望可以一直睡在一起，但是父母有時需要有性的活動，那要如何處理這位小女孩呢？這是難題，除非完全不在意，但是在意或不在意，哪一個比較好呢？這有標

準動作和答案嗎？也許不同意的原因是有整個社會的共識，或者就算是整個社會有個共識，如果和小孩的心意和欲望有衝突時，小女孩是很難不受影響。

我是在這個推想裡，嘗試想像你重複提到的，父母之間的愛情問題。有可能這個愛情在你眼中會出問題，不是起源於後來長大後，母親仍跟你抱怨父親的某些事，而是起因於父母之間需要的性活動所帶來的影響？我當然還無法從你的故事裡，完全了解你對於父母之間沒有愛情的想法，是如何一步一步形成，最後變成讓你覺得一輩子都在受害的原因？只是你曾一再強調，和男人無法有更多身體接觸，那是因為你覺得性是噁心的事。

到底噁心，是生氣或無奈的反應？或者噁心需要多少人性情感總合而構成？和胃腸有關的噁心感，應該是由很多複雜的感受和經驗，最後所匯集出來的感覺。而且每個人使用的方式有所不同，我只能先試著由你使用的方式，來推想其中可能隱含的複雜經驗。至少在你跟我提及，和男人的性是噁心的事，就是意味著，你不想多談，不想多接觸，也不願多想的意思。這是要以噁心感，趕走在這感受背後的某些感受，或者是保護它們，讓那些感覺持續在被保護的情況下繼續默默作用著？

這是容易了解的假設嗎？不是那麼容易，當我想著，你多談這種噁心感時，你馬上的回應是，噁心就是噁心，那有什麼好談的。你這麼一句話，就封住了其它可能性了，你也不想要我繼續想像其它可能性。不過，我如果都依照

你的方式來想或不想，那麼我到底是在做什麼事呢？只是
顧客至上，不能得罪你，因此你說的，我都要照單全收，
不能有二心嗎？

等等，我怎麼會想到有「二心」這字眼呢？如果對你
來說，噁心是唯一的感受，那麼你自然不能再想像和分解，
噁心感裡的其它成份組成，這是否會帶來有二心的感受？
因為只有噁心，沒有其它的可能了，也就是，有噁心即表
示沒有二心了？嗯，這想法有些有趣，也許我可以再進一
步推想，如果是這樣子，意味著噁心是有訴求的對象，要
向某個或某些對象訴求，你的沒有二心，只有噁心。

因為如果你持續強調，性是噁心的，起初，你有要說
服我，那是起源於你覺得父母之間的無愛情，卻有性交這
件事的噁心。不過，在我的印象裡，這應該是我的推論，
你是不曾如此直接表達說，父母之間的性是噁心的。你是
一直抱怨，他們既然沒有愛情，何以要有性來生下你呢？
讓你一輩子都為了這點受苦，坦白說，你這種受苦是很明
確，但是這個原因卻讓我至今仍困惑。這也讓我有耐心等
待，因為我假設答案有很多個，而且都藏身在不明顯的地
方。當你以明顯噁心來呈現時，意味著當時可能有某些微
不足道的感受和故事，可能是重要的故事，只是我至今依
然不知道那是什麼？

不過今天你提到噁心的前後脈絡，讓我推想到有沒有
二心的課題，讓我想起的是噁心不只是噁心，要對某些客
體對象表達，你對其它客體的排斥，而這種排斥以噁心方

式來呈現是相當有意思的。沒有人可以說，你的噁心是錯的，反正這是相當個人化的感受，沒有人可以說這是不對的。雖然你說話時，可能多多少少會同時流露，那是不舒服的感覺，你不希望一直在噁心裡。就這樣子，噁心可能在某些時候變成了某種症狀，是要被排除掉的症狀，只是很快地你就轉成不再以為那是要被排除的感受，因為如果排除了噁心感，那麼你就什麼都不存在了，變成了一個空城了，這不是你願意容忍的狀態。

　　相對於內心的空城，噁心反而是更實在的感受，這種實在的感受能夠充當某種支撐的力量，而空城就像先前提過的無奈，是更大的災難感，沒有什麼可以著力的感受。這更令你恐慌吧，雖然你說在有了新男友後，你突然發覺父母的情況根本不干你的事，你現在只要好好把握這位剛認識的朋友就好了，但我心中卻突然充滿了無力感。我的無力感，是覺得你怎麼突然全部否認了，你先前對於父母之間關係的介意，這種全有全無的變化，讓我覺得太過於戲劇化了。好像我們先前的談話，都是不必要的，因為對你來說，我們的談話基礎在起初是，你對於父母關係的不滿意。當你後來說，父母間的事根本不干你的事時，我卻一點也無法覺得，這是所謂的進步，而覺得是更大的撤退。

第十五章
我為什麼無法幫你判斷他有多邪惡？

我發現，你再度重複你以前的問題了，就算我極力克制自己的記憶，要我再給你一次新的觀點。不過，我必須承認這時候還很困難，因為你的所有陳述都指向，你和這位新認識男朋友之間，很快又會出現相同的困境。在這瞬間，我覺得說什麼也沒有用，只能再等待你碰到挫折後，再回頭來抱怨，對方根本只是要欺騙你的身體。

甚至還要再讓你抱怨，我為什麼無法幫你判斷，這個男人是個騙子。問題是當我先說出這種可能性，我是扮演什麼角色呢？我真的有辦法確定對方一定如此嗎？就算是第十次，第二十次，下一次你真的不會有機會碰到不錯的男人嗎？只是我必須承擔道德的風險，因為你的控訴是對方騙了你的身體。

而且當你這麼說時，你是說男人都不是好東西，都只對你的身體有興趣，根本不想了解你整個人。不過重點不在其他的說詞內容，而是在於當你說，男人都不是好東西時，我心中總會震動一下下，覺得我就是男人中的一個。在你的說法裡，我和你的會談只是想要你的身體，也許這是原因之一，每當你出現這種說法前，只要我請你多談和目前男友的狀態，你就呈現著我要跟你的新男友競爭你，

而我的邀請多說一些話，結果是變成你不說，卻加速往男朋友那邊，好像我的好奇就是一種加油，讓你更有動力往對方衝過去。

這讓我的處境變得困難，你要我注意你的狀況，但是我的話語就算只是請你多談一些，就變成你的加速器，但同時你期待我的反應是不同於，只是表示好奇想要多了解你的想法。因為看來你不是要我多了解你的想法，而是你另有期待，你覺得我應該像其他男人那樣，對你的身體有好奇，而不是只對你的想法和感受有所好奇。但是這種想法是相當困難觸及的吧，甚至我現在這麼說，都可能帶來很大的誤解，覺得怎麼這麼邪惡，哪有人會像我所提出的那樣子呢？

我無意解釋是否邪惡？那不是我的工作，我只是試著讓人性裡複雜多元的感受和幻想，有機會能夠被述說，並且由你依自己的方式來重新詮釋。只是開始的時候，人們常常很難自由地從多重角度看待自己的問題，而只侷限在單一的解釋裡。雖然那種說法只會讓自己更陷在困境裡，最後變成需要那種侷限來框住自己的欲望。這是我剛剛談論你可能的期待時的想法。

接下來，讓我訝異的是，你問我，你是不是有伊底帕斯情結？你說你早就想要問我這個問題。因為你看了一些書，以及以前的治療者也很快讓你知道，你有伊底帕斯情結。但是你不了解，我為什麼到現在竟然都不曾提過這字眼？這讓你很焦慮，不知道我到底是如何看你這個人？你

不知道我是否會覺得你是很隨便的女人，隨便和男人上床的女人？你不希望我這樣子看你，你期待我了解你有伊底帕斯情結。

當你說得如此明白，符合理論的說法，意味著你要替自己的問題做出最後的結論了。關於伊底帕斯情結，的確是容易被當作是人生問題的結論，如果人生結論可以這麼早就下了，那麼這是什麼結論呢？如果照你所說的，你早就知道你有伊底帕斯情結了，你只是等待我說出相同的結論。這種等待是怎麼回事呢？尤其是在這個時候，我會更在意觀察和想像的是，何以你放在心中的想法，直到此刻才提出來？是跟你期待我對你的身體感到好奇，就像我跟其他男人那樣？

你說有伊底帕斯情結，是在說你期待父親也對你的身體感到好奇，而不是只和母親發生那些沒有愛情的性。愛情是你的想像，是你覺得自己可以提供的，但是你這時候以伊底帕斯情結來定位自己，這是要說清楚問題，還是更想要遮掩住此刻浮現的想像？你對我的想像，或者你對父親的想像，但是我必須說，以伊底帕斯情結來形容自己，常常不必然是看清楚問題，更常是被拿來當作一種防衛，表示你是知道問題所在了，但是很多問題還在潛意識裡糾葛，而不是以一句，你有伊底帕斯情結，就可以全盤說清楚。

這是假象的期待，好像有了關於自己的知識，但卻是相反地不讓自己去經驗，此刻正在流動的原始欲望，趕緊

以一些術語來做標籤，讓自己乍看起來知道自己是怎麼回事，但是在知道這種知識後，如果問題仍是重複出現，意味著這種知識更是為了閉起眼睛，讓自己盲目或茫然，而不是清楚自己，認識自己。

我這麼說，並不是要推翻伊底帕斯情結等重要術語的意義，而是更著重這些術語如何被運用？畢竟，要你在很小的時候，眼睜睜看著父母，在你複雜的想像投射下，他們依然常常在一起，並把你隔離在外，這是多麼令人恐懼的經驗。人要如何活下去呢？尤其是當初覺得這是生命攸關的大事，但是父親竟然對你沒有好奇心，不想了解你，你是多麼渴望和他睡在一起。對你來說，母親則是可有可無的人，只要她不打擾你，你就不會對她怎麼樣。

但是人生的結局怎麼會這樣子呢？這個疑問還需要被問得更多次，因為不是你一句，你有伊底帕斯情結，就有了完整的答案。這跟性有關嗎？跟愛有關嗎？或者跟故事圍繞的情感有關？不過，性是什麼？愛是什麼？情感是什麼？好像一切都才重新開始。

第十六章
什麼是美化自己的經驗呢？

已經第五年了，相當難得的經驗吧。

我知道還無法百分百的樂觀，雖然你常說，你不是樂觀的人，不過我不會跟你爭論樂觀或悲觀是什麼？畢竟我們不是在討論人生哲學，而是在你的受苦裡經驗著，那是始終難以接近的經驗。那是卡夫卡式的城堡，我還只在城堡外尋找能夠走進城堡的城門。

在兩個月前吧，你突然說，其實，你不該美化自己。我好奇問你，是指什麼？你起初誤解我的意思，以為我在說你不該美化事情，你因此說你堅持那是美化，是你在美化自己的經驗。你這麼堅持是有我還不知道的其它道理吧，包括你誤解我的問題是在怪你不能美化內容。因此你先是不滿，以為我在指責你，只是在美化自己的經驗。

我想再問，但是提醒自己等一下吧。你沈默了約一分鐘吧，你說你美化了自己早年的創傷經驗。然後，你保持沈默，好像丟出一顆炸彈後，等我如何接手？是否丟回給你，或者我會有你預期的其它反應？我其實無法完全知道，你是預期我回應什麼？但是從你說話的方式，我感受到一種釋放般的處境。

我需要先談談這種釋放般的感受，再來談談我當場的

回應，雖然只是幾秒鐘內的事。值得事後來消化一下，是怎麼回事？當時我覺得這種釋放感是個重大訊息，當你說是美化自己的創傷經驗時，我第一瞬間的反應是，哇，就是這樣！這是重要的起步呢。

雖說是起步，但已是你開始分析治療後的第五年了。我是該高興或者要更謹慎反應？如果這真是很重要的事，是你認識自己的起點，需要經過這麼久，你才意識到這可能會是相當大的衝擊？畢竟要真的認識自己的困局，很少是輕鬆的，而你的反應是有些平淡。

因此我假設，你的平淡是內心裡仍不自覺地加工著，要讓這個想法可以從不安裡走出來。這讓我需要謹慎，不是很快地就要以替你高興的方式，回應你可以走到的這一步。

也許你會覺得，五年，是相當長的人生了呢。能夠走到這一步，是不是太慢了？這是我的想像，我需要再說明我想像的基礎，何以我會覺得，五年來，你能夠像目前所說的，意識自己在以前都覺得別人是加害人，你的父母是加害人，你的朋友是加害人，你的同事是加害人，你的老板也是加害人。

在很長的時間裡，你一直覺得我根本就是加重你問題的人，甚至是造成你問題的元兇，雖然你的問題由來已久，但是時間感的錯覺，以及問題歸因的錯覺並不是少見的情況，有時候，我甚至比垃圾桶還不如呢。這麼久以來，一陣子，我是幫助你的人，一陣子，我是加害你的人，讓你

難以在診療室外維持固定工作。只因為我無法隨時依你的
時間表而更動，你就會說你為了來這裡而丟掉了工作。你
不是開玩笑，雖然也不是每次的氣氛都很認真。

　　我需要說明一下，雖然這些是我的思考，不必然要告
訴你，讓我的想法在你能消化前，就先成為你的負擔。我
假設你會跳過這一段的說法，試想你長久處在受害者的狀
態下，你今天突然說，你在美化自己的創傷經驗，這可是
大事。但是我說了，我需要謹慎以對，美好的事情突然降
臨了，總還是需要想一下是怎麼回事？

　　意思是說，我不會一下子就把你的話當作是治療的成
就。

　　因為我已在這裡說過的，只是起步，雖說是起步並不
是前五年都是白費功夫。不過，反而你常有這種抱怨，覺
得你來分析治療根本就是白費功夫。我無法說一定不是，
但是就有一種線索，仍讓我難以了解的微細線索，像幾條
蜘蛛網絲，讓你留下來。那是你給自己的空間吧，或是在
你創傷經驗的挫折裡，幸好你仍留有一小塊心理領域，讓
你稍微穩定可以想想一些事的空間。

　　我一直不覺得是我的功勞，有那片可以一起工作的空
間，那是原本你就有的心理空間，我能做的是不要太破壞
它。這麼說其實有些抽象，的確如此，那是一種心理感受
吧，覺得總是在某些危險邊緣，但你不會讓自己走向絕路
的空間，但是，常常就是處在邊緣吧。

　　在這種情況下，我的謹慎的確常被你誤解為是，不理

會你，不在意你。但是我總不能為了讓你以為，我不是不理會你，就完全依著你的指令而作為呢。那只會讓我陷在困局裡，難以想像和猜測眼前到底發生了什麼事？我是一直以這種方式和你工作，到目前為止，我並不堅持這種態度一定是對的，但是至少讓我們一起合作直到目前。

但是你今天卻說出了一句，我中意的話呢。我該很高興吧，你終究能夠想到你自身的問題，你說你在美化自己的經驗，那些受苦的經驗。我已經為了你這句話，有了不少的反思和想像，是不是多想了？這些就夠了？或者我的想像還不夠，還需要有更多的想像，避免讓自己太過於高興，以為那是自己久等的成就感？

我需要再跳開一下，多做一些說明，何以你這麼說時，我起初覺得值得高興一番呢？雖然我馬上提醒自己，要謹慎這是怎麼回事？我在想什麼呢？不然何以這麼麻煩呢？會不會是我太多慮了？

也許吧，不過當我說明後，有可能你會改變對我的想法，事情是這樣子，試想一下，如果有位生命早年受創傷者，在說自己悲慘遭遇時，聽話的人突然對那位受創者說，你自己也需要負些責任，這是什麼意思呢？這是要說明某項真理，或真實，或者是在遂行另一種攻擊，讓受創者再受二度傷害呢？

這種情形是否就像媒體報導著，某個受害者的遭遇引起大眾對這受害者的同情，如果有人從某些細微跡象，例如何以這個受害者重複地出現類似的災難呢？然後有人就

對大眾說，這個受害者也要替自己負責任，畢竟這個人的受創史，讓他重複地走進危險的情境，讓他重複地在目前的生活裡蒙受類似的受害經驗。

當一個人對於未見過面的事件當事者，說出這些話時，會引起什麼反應呢？和當年經歷的類似傷害？也許你會好奇，我何以談論這個事例呢？我只是在試著想像，你花了近五年的時間，才吐露出來一句話，我認為是個新契機的話，但是我何以顯得矛盾？這是你自己說出來的，但那是容易消化的嗎？

第十七章
如同飢餓的嬰孩先咬痛提供奶水的乳房

　　我早就習慣要謹慎地處在你的矛盾狀態裡。雖然五年來，我終於等到你說出了一句話，重要的話語，但是回頭想來，如果我只是為了等待你這句話，乍聽起來是你有些自我了解的話，是否我在等待時，其它領域卻都被忽略而成為心理沙漠呢？

　　因為那句話被假設是，你已經部分體認到，就算是經歷了早年創傷，目前生活工作和人際上的問題，你隱隱覺得可能也跟你自己的作為有關。也就是，你隱隱覺得，面對目前的問題，你不再只是單純的受害者，而是你覺得目前問題的發生，你可能也有貢獻一些力道在裡頭，不全然是別人的問題。

　　只因為你突然說了，你在美化自己的受創經驗。

　　不過，我何以說我有矛盾呢？雖然還在我心頭打轉這些描述，還沒有成為話語告訴你。不過你可以從我這些想法看得出來，我是很保守的，例如我想說你可能只是隱隱覺得也有自己的問題，為什麼我不是很高興，覺得你就要痊癒了，你終於看見天光了，你終於知道就算你是早年受創傷者，但是目前的問題一定跟你自己有關？

　　你已經不再只是抱怨，以前的加害人讓你過得如目前

的樣子？或者你會深刻相信，你目前的生活上的困局，都
是你自己的問題，不再會覺得是以前的加害者毀了你一輩
子，他們必須替你目前的困局負起全部的責任？

　　我這些疑惑如果眞能實現，你的確是可以往前走了，
但是我何以矛盾？是因爲我的經驗早就讓我知道，眞的要
可以這麼自覺，而且眞的接受，這是相當困難且受苦的事。
雖然我也同時想著，是否我覺得困難，使得我的謹愼變成
是阻礙你進展的因子？

　　我們一起合作五年了，何以如此長呢？對於你遭遇的
問題和受苦，這算長嗎？並不是你的能力不夠好，而是對
早年受創者來說，眞的是漫漫長路，一點也不是嘴巴說說
就可以了事。雖然我深知一般大眾或者更多的受創者，都
是這麼期待，希望他們自己可以很快地走出陰影，可以不
再受創傷陰影的干擾。

　　甚至大都相信，只要好好說出當年所受的創傷故事後，
他們目前的問題就會消失了。臨床上是不必然如此，因爲
改變、轉型或蛻變是另有多重因子，甚至到現在就算在臨
床過程，可以看見你的一些改變，就可以很快縮短你蛻變
的過程嗎？要如何說明造成你有所改變的因子，我和其他
同業的經驗是一致的，仍還是很困難清楚說明。

　　這麼多年來，不曾直接這麼說，因爲我只能說是困難
只從說出當年的受創傷故事就會變好。但是我無法確定你
一定也是如此，面對這種情況就只能邊走邊看，這麼多年
來，我相信你早就經驗到我剛剛說的情況了。

但，還是得思索出路在哪裡吧。

其實當你說，你是在美化自己的創傷經驗時，是需要相當大的勇氣，才有辦法說出這樣的想法。既是如此，我何以仍猶豫，捨不得馬上鼓勵你？要你趕緊記得，你終於說出這句話，這是我期待的話，是我很久前就想要塞給你的話，卻要你自己說出來才算數。是這樣子嗎？這樣子還算是分析治療嗎？

這是什麼意思？是我怕你後來不認帳，推翻這些話嗎？如果是，是什麼呢？如果是對你有助益的想法，我何必擔心你會不認帳呢？這不是很奇怪嗎？但我又覺得這種擔心是很有意義的，雖然只是我的擔心，我相信我的擔心也有事實和經驗為基礎。我能說的是，也許你不會如我經驗過的那些人，他們常常顯得好像知道，不應該將自己的問題再簡化地歸因於當年的受創經驗。

並不是當年的受創是假的，剛好相反，如果你心中覺得那很真實，就意味著很真實，只因為我的臨床經驗是，人要真正面對自己的受創經驗並不是容易的事，不是旁邊的人說些加油或加油添醋的話，就足以讓你真的容易面對。是需要你自己慢慢消化，尤其是克服作為受創者常常潛在地認同了加害者。

這是什麼意思呢？涉及了表面已成為常識，但是對於當事者，包括你來說，是困難面對的困局，也就是，你可能會做出和加害者類似的作為。這是相當受苦的經驗，由於內心裡監督者的存在，更讓這些作為以相當隱微和變形

的方式，呈現在生活的很多層面。由於是各種變形方式，很困難一下子就可以體會到，原來，自己有認同加害者的說法。

和你工作這麼多年以來，這些現象在診療室裡是不斷地出現，以不同樣貌呈現，因此你很困難了解到是有多少重複。我的困難則在於另一面，當我以既有的經驗和文獻裡的種種描繪出發，我可以很快地就看出你重複的問題。但那是我的視野，我知道不是我硬逼著你看著和我相同視野，就對你一定比較好。

雖然這是很常見的策略，預設只要你可以看見我，看見而且不閉起眼睛，雖然有些人傾向預設，如果你能睜開眼睛，看清楚自己的作為裡，有不少是不自覺地重演著當年加害人的作為，也就是說，你在某些時候是受害者，有些時候是加害人。然後假設如果你能意識到並接受這種可能性，那麼你才能好好面對，並解決目前生活上的種種難題。

我不能說這種預設的工作模式一定有誤，不至於完全如此，重點在於這是最困難的所在，先從最困難的期待著手，是否反而在出發時就帶來無窮盡困局呢？

不過對我來說，更大的困局是，我假設每個人都是不同的，因此如何在每個時刻做出判斷，是否你往這條認識自己的路走？在你說出的故事裡，讓你知道你的角色是無辜的受害者，但是你現在也有不少作為是加害人的角色，尤其是對你的家人、同事和朋友，甚至我在診療室裡，也

是常常處於受害者的位置，要幫你的人反而被你反擊得更厲害，如同飢餓的嬰孩先咬痛提供奶水者的乳房。

例如，我印象深刻的是，有次，爲了我無法馬上給你面紙，那次會談裡你後來所有的時間都在罵我，說我缺乏同情心，不夠專業，完全不了解你的辛苦。因爲先前我是以疑問方式說，你是否會覺得和那同事的相處問題裡，你可能也是引發問題的人？我覺得只是試圖順著你說話時流露的片斷訊息，假設你剛剛的說話裡，你有部分意識到自己有這種傾向。不過，顯然地，從你的反應來看，我的確是不了解你。

你先沈默，然後哭泣，你說當年被小學同學誤解的事，我並未拿面紙給你，不久你停止哭泣，沈默了一會兒。我可以感受到某些張力在醞釀著，你說我根本就沒有同情心，不理會你的哭泣，說我強迫你，硬要你承認那些根本就是莫須有的罪名。那些問題都是同事故意找你麻煩，其實會談當時的氣氛，比我現在說出來還要緊張，你有股強烈恨意，好像你即將有什麼行動之類的氣氛。

後來，還好虛驚一場。不過，我不能以爲這樣就過去了，就讓它過去。這種情況隱含著一些待思索的事，可能是我過於冒進，也猜測錯了。雖然平息下來了，那是你在沈默時內心掙扎，經過了一場激烈衝突的心理過程。是你慢慢讓自己平息下來，但也在我心中累積了一次經驗，覺得這不可能一次解決的，也許下次，不知會從什麼問題再度蹦出這些情緒。

好像我是造成你從小到現在所有問題的人。

短 詩

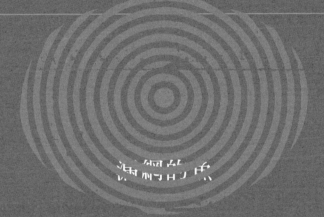

雖然，我仍不知道，為什麼
河水流著蜻蜓的黑色幽默感？
這是內心旅程嗎，是否
詩興，也是島嶼意志的山脈
早在等待求偶的信天翁
天雨過後
翻土埋鍋做飯，炊煙攀登
費解的修辭和視野

好像拒絕，不是水稻需要的陽光
那首模糊不清的詩，家鄉是什麼
淡暗就在那裡生殖，卻掌握不到
我已經在每首詩篇裡，重覆
又重覆地問著天空的雲
還沒有找到月光死在圳岸的答案前
酢醬草或油菜花叢生的平原
有花，有時，不見花

台灣只是個小小島，擁有
木訥的嘴唇線條，適合藍白色海洋風
蝸牛帶著家的鑲嵌畫，慢吞吞
展開紅玫瑰葉邊緣旅程

沒雨的日子，看天
如果只讓內心更徬徨
就說，浪子無意的疏離
還沒有找到自己前
無法再回家

還要掙扎嗎？雨的季節
一條魚還在田螺旁，猶豫
漂流的方式。因此，還沒有
任何道德跡象，足以說服
最耐命的溪流大肚魚
多活一些時日，安排後事
再度在乾燥土地，張口呼吸
最新型號的新鮮氧氣

我想捕捉話語的倫理性格，竟然
身份認同莫名消失無蹤
浪子回家變得缺乏堅實立場
足以說服我自己的混濁
回去，是什麼地方？
不是簡單話語，就可以讓流浪許久的人
回到家鄉，就確定回到家
或者，回到家，就回到家鄉
這是水中魚復活的風雲美學

整個冬季，吞吃自己的身影
滿地錯落的詩意和浮游生物
如何在明年還要回來，爲了看見
自己的倒影和背景的天空
相互交疊的記憶和溫情
是紫繡鵝有意衣錦回鄉
或，一行傍晚的文字流浪度日子？

只爲了讓水回到該去的地方
或者，讓我動身到原來廟宇
那是詩和孤獨，以及烏秋在水牛背上
交織構成的黑色領土
從都會回去，像候鳥，像自己
多少平方肥沃的徬徨，才是孤單呢？

有些事好像可以預測馬纓丹風情
卻難以說清楚天堂和地獄
伸長舌頭時，如何分辨一點點黑
還有多一點點暗。那裡有斑駁青苔
也有充滿罪惡感的魚蝦蟹
以及，溪口濕地尋找溫度的候鳥
擁有爬升和滑降的姿色

一隻晚回的蜻蜓也希望表達
我內心深處，那句多彩紋路
難以說清楚的話
找不到迷路的句點
我知道，它就藏身象徵叢林
綠色血，紫色身體
手上還拿著，小葉冷水麻
堅持的紅褐小花
流浪，尋問誰來自故鄉

泥鰍駕駛乾涸的午後引擎聲
滑過我低調的紋路，彎彎曲曲
躲躲藏藏，我也是鱔魚
扛著半斤矛盾
落腳處學習雕琢自己的暗處
記得，我和同學跳進水圳
從小學校門默數三十一步起
仰式飄著白雲回家

那隻候鳥，胃腸裡的細砂石
是否還有讓孤獨歷歷在前的能耐？
像岸邊含羞草，或者，只有不會說話
卻每年返回空虛影子的候鳥
最有資格重新書寫羽毛的亮度
斜照家和家鄉的課外讀物
並且回答白耳畫眉的朗讀聲
重返幾次上游，才會成為故鄉？

九句不知名的話語，干擾偏灰的寧靜
十一隻小黑蚊子繞著頭頂賽跑
兩隻卡在蜘蛛拖曳網裡，隨著風向掙扎
一個人傍晚的家鄉是什麼？

任意披著偽裝的蓑衣，來自深山
有兩隻拉氏清溪蟹的嚴肅
改變原本自己手中的
漂流命運
以沒有聲音的文字浮沈

我需要再聲明，這不是
驅策陽光問候的最佳明喻
我的詩行有些瑕疵，註定
有兩個字只能跛腳
走完自己的心境轉折

心中真正吶喊的，又是什麼呢？
那群人是烏合之眾，我深信
午後醒來的麻雀堅持口音
艷陽下，瑣碎話語
乾燥喉嚨裡龍葵花種子，持續等待
回應著沒有風的午後悶熱
秋天來後，水中魚如果活著
會如何說出沈默的話呢？

太陽下，一群人還在學習說話
說出憤怒心中話，不是說了就好
還要能夠堅持寫真的理想
在猶豫的軟枝黃蟬頂端
黃花結成枯槁時，堅硬果實
依然，臉頰帶著微笑和善意
學校不曾教導的說話課
嘗試簡單說出自己的想法，這是
繁複的地下根尋找空氣的工程

我的徬徨已經穿梭路過
多角形的愁雲，卻笑臉回來撿拾慘霧
作為生命流動的紀念碑，你可曾經歷
濁水溪深沈躺著寂寞夜
沈澱絕不是暗喻性格的黑土
是明明白白的暗傷，任誰
也難以出手收買的不安

抹上一層沈默後
再加塗一層愛情
厚厚防曬油，宣稱水溶性，絕不油膩
才知和自己的距離一片水田
竟是，這般遙遠，微分方程式的估價單
就算站在原來的土地
描寫舌頭
還是張貼新符咒在蜂群尾巴
一格又一格的距離擠滿風波

天光睜大眼睛，看著甲蟲說瞎話
一朵一朵紫背草花，放下手中工作
已經開始不滿了。團結的花粉
在日落前，務必手牽著往事
記得發出今天的愛恨情仇
還有川流不息的音符修辭學
談著不知去向的自己是誰

美麗的龐大褻瀆，風雨無阻
誰會伸出溫暖的手，默默搬出倉庫裡
久藏生鏽的意志，仍鋼鐵強硬
打造心事成一面一面的後盾
畢竟，害怕出事，讓故事放久愈心酸
花苞一朵一朵，在暗巷，吸取被拋棄的黑暗
整併或分類，地圖上尚未標記的靈魂一株一株

他匆忙長出六隻腳後，衝進人民殿堂
她，爬上鐵柵欄跳進興奮裡
是不是爬蟲卡夫卡，不是最重要的事
何況離宣稱荒謬的年代，迷惑已經久遠
如今披上新盔甲，插花做自己的主人

有三根手毛，被惹起來寫詩
每根都要做自己的喜劇
既然進來了，就坐下吧
不論是一百人二百人三百人或四百人
唱唱歌，穩住那顆激烈跳動的心
先把嘴巴裡不安的雕像
安撫拖回門牙的位置
見證，即將出口的每句浪子回頭

整夜沒睡覺的網路，文字和影像
平躺七百平方公尺的飢餓
需要吞下五公斤焦慮，糾纏一個黑箱子
霧中半隱半現，愛的漂泊
人潮還缺共識，栽種幾朵慈祥的太陽花
有人說只是湊巧撿起，意外微笑三十秒
打包成繫有黃色蝴蝶結的民主插秧
空氣不足，參與者卻有缺氧的興奮

可能在秋天，還沒第一片落葉時
三十種寂寞表情走上街，中山南路
等待守護XXX時，四百零七種街頭睡姿
其實，花園還沒寫好土壤的物理和化學課程
蚯蚓拿著書本，準備上街熟讀歷史關鍵字
帶上墨鏡，已經不能有勇無謀了

舌頭的洞穴裡磨練晚來的春天
多愁善感，翅膀需要順勢穩住風向
來不及捕捉自己的歌，浸泡透明的愛情
先唱唱曾有的悲慘，白色的世界
承繼前人的心血，踩在不知名的未來
但是，然後呢？需要自己的歌，磨練蒼茫

既然晚到的愛情也來了，就坐下吧
為下一朵蓮花的舌頭展開辯解
在最重要時候，展現情火的非暴力
有誰真的知道，只是手牽手
人與人緊靠一起，等待多愁的反叛被抬起
卻是一群蒼鷹在低空，順著氣流飛揚

各自走唱不成調，單薄風景的三聲咳嗽
或者慢慢動手佈置，空虛的倔強
替即將遺失的議事槌裝飾瘟神理論
找到失去又回頭的民主流星
替未來二十年的南風，散佈新的思索
如戰亂失敗後再相遇，兩張鬼臉
論戰賣掉神話的英雄和一頭跛腳的牛
如何不讓僵局走進忍無可忍的，泡影

到底，還要忍受多久嘆氣的風聲
私下的尾音裡，頻頻扛起空白的幸福
詢問何時，希望從深埋的花蕊裡，走出來
適合跟窗內的人談天說地
起身替黑夜和臉書穿戴鷹架上，戰鬥理論一疊
臉頰上抖出一百零二個字的部首
建造夢裡尋找其它筆劃的計謀
艱險，尤其是倒數第三筆劃轉圓的角落

隨 筆

（另一種心事的異議份子）

夢幻倫敦

巫婆的奶水，以及足球和吊車都沒有說話

傍晚時分，巫婆已經準備要回家了。

她的家，在我們不知道的地方。

她會煮飯養活自己，或者，吃些讓她可以維持千年不變的保養品。我知道，她很少閱讀詩集。我想要贈送自己的詩給她，也許她一輩子被塑造成作惡份子，她也不曾抱怨這個角色。我想，她會有空檔時間讀幾首詩，想像她自己的未來。或者，她家中的客廳裡，早已放滿了人世間的詩集。

我剛出門，尋找我的晚餐。雨已經停了。這場雨像奶水豐富的巫婆，坐在掃帚後端，當作夜歸前的禮物。很少人提及巫婆的奶水，我卻無端相信，那場雨跟她有關，我不想替這感覺尋找任何理由。

我刻意走過搖晃的千禧橋，相對於古老沈重的橋墩，當年為了製造橫亙泰晤士河兩岸間，搖動的浪漫，在地人卻抱怨令人頭暈，因此加強橋身的固定。

回頭看對岸，一座高聳，鋼架和淡綠玻璃帷幕，合力撐起往天空發展的高樓，夾在子彈型貿易大樓和聖保羅教堂之間。那是大豆長出的芽，正要往天空成長，等待某位小孩慢慢地往上爬。不知是否會夾到巫婆的故鄉，我們看不到的地方，卻讓我們有了全宇宙的想像空間。白色吊車在天際線裡，以鐵的臂膀優雅地書寫，玻璃大廈的明天。

也許那時候，那位小孩會在某個地方，遇到童話裡的

巫婆。

「隔壁那桌人是哪一隊的？」

「好像是紅衣的伯明罕隊吧。」抬頭再看了牆面上的電視後，我修正爲：「應該是紅衣的阿申納隊。」

兩隊都一樣，對我來說，是這樣子吧。反正只是熱鬧人聲的背景，這是文明戰爭的一部分，也是有史以來，最成功把人吸引至球場，讓人們對著電視機瘋狂吶喊。

爲了在零和一之間，計較起球場之外的，湯匙和嘴唇的爭執。

這是電影或戲劇的缺憾，何以人們不親身出現在現場呢？至少，我是聽過日本戲劇家鈴木忠志這麼說吧。在球場上，他們藉著一顆滾來滾去的圓球，只有黑白兩色的球，搶來搶去，然後決定別人今天的心情是什麼。

呼喊時，如何找到自己的聲音，那是自己的聲音嗎？巫婆至少在球場上，待至比賽結束。那是她的吶喊，透過男人和某些女人的喉嚨，運功輸送她千年來修行的功力。

雖然，英國的足球迷，是惡名昭彰的任意鬧事者。必須要英國隊輸球了，他們才有發揮的場域。我相信，巫婆要英國隊贏球，因此，這些鬧事者和巫婆之間，是什麼樣的關係？這是我的謎題，我想要自己尋找答案。

因爲我還在找巫婆的故事，所帶來的深遠影響。童話在那裡，決定了兒童的未來，也決定了想像的高度。是否能夠高啊高啊，在人心角落裡，偶然和自己的童話相逢。我會挽留它留下來，和我再相處一夜，隔天再淚眼相送。

「河對岸，那棟打光在五個窗戶上的舊房舍，遠遠看去，好像童話故事。」

「是啊。」沈默一會兒。

「是啊。爲什麼在台灣，我們不會覺得，在地的建築或事件，像個『童話故事』呢？」

「應該是說，我們覺得什麼像童話時，常常是腦海裡漂浮著，從四海而來的童話。」

「我們沒有格林童話啊。」

「嗯，我卻充滿困惑。這麼單純的答案嗎？」

一片葉子從樹幹掉落時，有人用噓聲，提醒所有人安靜，讓無家可歸的人，流浪街頭時，還可以聽得到，最後的一點安靜。歲月從來沒有無情過，有的是我們的回憶，可以在那裡找到，安心落土的地方。在地巫婆被高掛在閣樓裡，和古老的地圖，在灰塵裡同生共死，我們期待，看清楚自己是什麼。

藍衣伯明罕隊和紅衣阿申納隊的生死戰就要結束了。

結束後，明天還要再重新，生和死一次，在綠色草皮上玩弄著黑和白。色塊如萬花筒，跑來跑去，忙得不可開交。青春已經是很久以前的事，童言童語也已經無法再從自己嘴巴裡自然冒出來了。

這些興奮卻這般貼切，無奈還無法找到簡單的語詞，讓它說穿自己的心情。能夠說的，都是這些四處張貼的成人語彙，需要重新再找出，我們自己的巫婆童話。

(2011.04.17完稿)(2014.07.29再修)

異議份子在倫敦的咖啡屋

寧靜是這個世界上，最忙碌的異議份子。

你們都已經從湖區出發，帶著游擊隊以小搏大的氣勢，不顧生死地滲透到，最忙得不可開交的城市。只爲了找一個可以安靜的地方，先放下肩頭上，村人再三交待妥善處理的鄉間熱情。我處在吵雜聲音裡，那是我走進去前，早就知道的情況。

找到座位後，我試圖讓每個細胞膜之間，挪出空間，容納紛飛尙未找到的平靜。

可以在西班牙語和德語之間、英語和義大利語之間、法語和俄語之間，還有玫瑰花和繡球花之間。它們已經有百年以上，製作聲音部落的經驗，藉著音調的起起伏伏，讓陌生人相互點頭後，還知道有什麼事可以做。

但是，忙碌之後，也期待休閒。這讓休閒成爲世上第二忙碌的異議份子。

我提醒自己，紅花和寶藍花之間，有難得的平靜，已經悄悄，化零爲整，站在人群裡，擠兌人情世故的支票。

穿著黑色皮大衣的女子，帶著金髮小男孩，女子拿著剛買的咖啡，站在不遠處。小男孩衝去坐在另一桌的空位，女子要小男孩跟對方說抱歉。小男孩，三歲吧，沒有理會女子。沒有說道歉，但未堅持要坐在別人的位置上。

「像考驗著我們的同情心。」我書寫著筆記，爲了我的倫敦。

　　找到忙碌的寧靜之前，我在筆記上寫著：「同情心是世上第三忙碌的異議份子。」

　　當我再抬頭時，小男孩和女子都已經消失了。那時，我還不知誰是，第一和第二忙碌的異議份子，後來依據這些筆記線索，才慢慢找出來。

　　另位金髮女子穿著深藍牛仔褲，綠色大衣，手提著白色布袋，鼓起來，裡頭裝了滿滿的東西。進門後，即一直站在我旁邊，講著電話。她的聲音應該是所有人都可以聽得見了。後來，她收起電話，往前走，要去排隊買東西。才走出一步，她又接起了電話，講著電話，她說著我不知道的語言。拉長的尾音，把午後的咖啡店，拉成聲音俱樂部，跛腳的大提琴和黑管之間的競技。

　　好像河岸旁國會大廈裡的政治，以音符演練全球金融危機後，如何求生的技藝。

　　在倫敦柯芬園附近。這間來自國外的知名咖啡連鎖店，聲音和氣味的政治共和國，濃縮在黑色神秘汁液裡。不論你是白人、黑人、胖子或瘦子，你開門進來或離開，沒有人對你說歡迎光臨，或再度光臨，櫃檯服務人員只是重覆地，在你點了東西後，問著：「還要別的嗎？」不論你說有或者沒有，都沒有關係。

　　他或她的問話裡，沒有使用主詞。重要的是，你要往前挪動，有人排在後頭，等待服務人員詢問相同問題。

　　也沒有不協調的混合音。如果不是你的咳嗽，也會有杯盤狼藉相約碰運氣，看看是否今年春天可以早點來到，

雖然還沒有計劃好，那麼，接下來要做什麼？就像：「你最近怎麼樣啊！」其實，這句寒暄也沒有那麼問號，只是聲音與生俱來的，在咖啡機打著牛奶的發泡聲，突然想起了，多年不曾相見的熟人，訝異在「很好」的回應，終需要保持沈默，那是一種禮貌。

就算你不相信，你終究得面對，牆壁上張貼有關咖啡的人道主義，我想著：「人道主義，也許是世上第四忙碌的異議份子？」

我最後決定先以問號，作爲這句話的尾音，畢竟整條街的香味，如何在開口喝下神秘之前，我實在無法確定，霸道的香味，是怎麼的謙謙君子？或者，香味始終是謙虛的風氣，它只是臨死前的掙扎，以最後呼籲，意圖打開你我的味蕾。

我走出來時，前面的桌位，已經幾番更迭了。

出門後，趕緊將大衣的領子拉高。前方不遠處，有位街頭藝人蹲在箱子裡，打扮成貴賓狗的模樣，對著路人吼叫，無奈旅人總是急忙走過。我並沒有逗留，趕赴特拉發格拉廣場，只爲了去看看黃昏時刻，當共和軍不再以街頭炸彈，表達愛爾蘭的異議後，人們如何走來走去。

我只是冷靜的異鄉旅人，不是忙碌的異議份子，偶爾站在特拉發格拉廣場，看著廣場噴水池裡，噴灑古神話傳來的媚眼。

(2011.04.18完稿)(2014.07.29再修)

觀光客的多重主義和枝節

回憶早就累了。

只有相片裡，那朵黃色的玫瑰花，依然保持著原樣，宣稱世界就是這麼回事。但是，回憶眞的累了，看它的樣子，已經很難再承受，一絲絲的懷念，或者一直在血液裡，滾滾流動的淚水。熟悉的街道，米白色牆面，那道藍寶石色大門的，古銅色把手，像千年不老的乳房，流著過期的古典奶水，灌漑著復古式的，向上天打招呼手勢。

那不必然是祈禱的儀式，卻在緘默裡傳遞著，謹愼的祝福。

懷念和淚水的密謀，不論晴天或雨天，只要有陽光出現，馬上循著光線的方向，搜索它的下落。遺失自己的人，就算找到了過去，像前一批觀光客，照個相，繼續往前走。牽著狗，突然走入左上角的中年女子，留下動態模糊的身影，另一隻鴿子則是在定像之前，從右側中間飛出了畫面。幾天後，我就會忘記那鴿子了。

但是，我也準備好了，讓遺忘站成行道樹的模樣，默默地長成百年的身體，枝葉卻年年更新。這是遺忘的千變面貌，抑或全新的枝節？

我依然，照了不計其數的街頭相片，標準觀光客的模樣。我不是捕光人，如果一粒沙是一世界，綁架醞釀中的意義，姿勢早就準備好了。我深信，街頭照片是屬於未來式，而不是過去式；爲了深沈的道歉，而不是表淺的感動。

這是只有一神教堂，沒有眾多神祇左右護佑的城市，不論是哪個季節，尤其是貝爾賽斯公園路，不必然是漂亮的風景，也有居家戶外，垃圾桶擺設的方式。以及偶爾可見舊報紙，從深綠的盒子裡，滿溢而跌落在行人道。

「還不知這些相片能做什麼？」

也許是多年後，如同地下心靈反抗軍，出發前必要的祈禱，以矛頭敲打著自己的盾牌，作為勇氣的聲音吶喊，把脆弱的靈魂，趕出了這條街道。趕不走的是，是非曲直，其實這跟無辜的好奇心有關，為何還要在凝神靜聽裡，辨明去年多天所留下來，還沒清理解決的多年相思的角落。

能說對一個城市的愛情嗎？或者，這種愛情根本不可能存在？

當這一切都被凍結了，落葉在半空中，變成了不上不下的幽靈。我猜想，垃圾桶裡承裝了，更多斷了翅膀的勇氣。那是退休後，當年未完成的志向，慢條斯理地集結成，對未來的想像。畢竟，脆弱是多情善感的羽毛，垂死前，最後的掙扎，排列出對抗空氣的矩陣。

至於勇氣，需要更多的休息和觀察，才能顯現這座城市的某種臉龐，不可能只有愛。

「只能說，除了將遺忘凍結成風景外，也等待著，詩人創造的心，能夠在那些相片土壤裡，開出不知名的枝葉和花果。」

至於偶發的快樂，昨夜，不小心踩空了階梯，而跌撞在現實裡。或者，需要再尋找其它名稱，來呈現目前以花

果或果實，來形容的「成果」，這是什麼呢？也許只是抵抗吧，抵抗地心引力，依然向上或者朝下的努力吧。我們又如何確定，對於愛的抵抗，是否一定少於對於怨懟的抵抗呢？

如果，愛是樹梢的枝葉，年年更新，但是怨懟卻是樹根，不曾親自出面，卻年年滋養著新葉的來臨。

無意中，擱著筆，又沈入了未來的想像裡。模擬著某條出路，嘗試的舞步，走著不安的心，直到一聲馬聲低鳴，再度把現實貼在路口，預示路人「慢走」。隔壁的老婦人，每天見她，單獨地，慢慢走過。路過時，總是在滿臉的皺紋裡，輕易地擠出善意，但是笑容，仍然深藏在皮膚紋理之中，冬天是漫長的。

需要耐心，才能慢慢地發覺，考古學家深感興趣的表情裡，埋藏著多年不見的當年，以及曾經漫步踩過的枯葉聲。

今天風也靜下來了。

氣溫攝氏三度。窗外仍不時傳來鳥鳴聲，它們在說話吧。有時，我自己也會寫一些文字，自己也不懂的話，總要多年後，才有一些些了解，雖是晚到的興奮，卻是讓自己和過去連起來的方式。我把這當作是種神秘的召喚，值得頂禮相待的未知。

沒有我的身影，卻是整張的自己，以四方形的風格，散居在城市的足跡所到之處。

(2011.04.21初稿，2014.11.08再修)

聖詹姆士公園下凡之後

難道，只有理想和現實的爭戰嗎？

湖水有一天會乾枯，不是二分法的加減，畢竟浮游的水鴨，至今還沒學會，這種複雜的生活方式，站在湖底晃動尾巴，還有池水沾在羽毛的樣子。有稜有角的冬天，剛剛過去不久，皇家馬房仍在湖面倒影裡，安靜地過著日子，皇權逐漸式微的日子。雖然，一如常識，冬天之後，春天就會跟著來臨，但是我想任意地更改季節的象徵。

只因為我擁抱著無知，善意和惡意模糊的交界。

昔日光榮仍然，在重新長出的柳暗花明裡，微微地傳送著，時鐘指針所指出的聖人，如何不小心地洩露了未來的訊息。還沒有人可以了解，不論你是旅人，或者倫敦居民，時間以粉紅過去式花瓣，隨著那棵吉野櫻，花瓣慢慢飄落，停在些微起伏的綠草皮上，喘吁吁的模樣，從此不再回頭。銀行家將西裝和領帶，掛在辦公室的衣架，他剛剛憑著聰明和手段，搶下了一筆重要生意。

他喜歡公園裡可以抬頭看一望無際的天空。

也不是乘法緊追著除法，沒有誰需要道歉的議題，聖詹姆士的善心，是很容易被看到的，後來，落實到公園的紀念裡，讓善心以美麗的裝置藝術風格，書寫一代又一代。那隻平凡像鵝的水鴨，尾隨著三隻出生的未來，戲弄著水波，已經不會是驚濤駭浪，那種年代已經久遠了。

可以不是時間的簡化命題。

　　總得安靜下來了，曾經是酒林肉池的封閉公園，怎麼堵也堵塞不了，歡愉聲踩著高腳梯，夾帶著即將到來的失落，曾經背叛地，從林木的葉縫之間，躲過英勇禁衛軍的高帽子，逃離至一般的人世間。酒館的男侍把黑色圍巾扯在更衣室，他剛剛被一位酒醉的客人無理的責怪。

　　他喜歡坐在長椅上，看著走來走去人們的小腿，和五顏六色的鞋襪，襯托出草皮讓自己維持著綠意的技藝。

　　這個最古老的皇家公園，三月天，黃色水仙剛從綠地裡鑽出來，終於可以再看見自己了。睡了整個冬天了，還不知道是否記得自己的樣子。去年的隔壁鄰居，還把自己包在花苞裡，它有些急了，希望自己閉幕之前，可以跟多年未見的鄰居打個招呼。這一切都在寂寞裡，靜靜地依戀著土地的呼籲，這是歷史編織自己的波濤，卻在小湖裡只是微微小花，隨著水鴨的腳步旋乾轉坤。

　　公園一路過去，就是白金漢宮，那是女王辦公的地方，對一般人來說這絕不是陌生的事，我也絕對沒有理由，像旅遊手冊那般，再重覆介紹它。不過，為了呈現這個公園的氛圍，仍有必要讓它上場。更有趣的是，何以單調顏色的玩具，仍一直是眾多幻想的所在。就算是光線和陰暗不曾離開，透過傳記作者的探索，我們所知仍有限，但是我沒有理由，把焦點擺在那裡。

　　對我而言，此刻，公園才是我交換歷史浮雕和想像的所在。

　　流浪漢坐在公園的長椅上，是對於皇家公園歷史的最

大抵抗。軋著幽靈和罪惡的交惡後，是否在被丟棄在長椅上，保守的泰晤士報，以內頁小版面，交待風雨和樹葉糾纏千年後，各自讓步的神秘面紗。

還不知道，是否幽靈已經醒悟了，我不想搖醒幽靈，只想在光明和黑暗的交會處，讓罪惡看著苦澀以各式色彩，穿插在鞋底和鞋底之間的多餘。

最近，皇家威廉王子和平民女子凱特的婚禮，佔據了全世界新聞版面，婚禮即將在公園附近的西敏寺舉行。再一次，試著在黛安娜王妃事件的衝擊後，再振作起來。媒體也宣佈網路調查，新王妃凱特比黛安娜，還更有群眾魅力。

我曾走在公園裡，沿著水池的步道，有銅牌鑲嵌在路面，刻有「黛安娜走道」。

那是怪異的感覺，勉強在沒有感覺裡，我試圖鋪設狡猾的水面波紋，那是一層又一層的未知，堆疊在歷代文人和藝術家的聲名上，一波傳至另一波的哀傷，直到有人呼喊我。我知道那些未知，只是哀傷在頹唐的紀念碑，雕鏤著重重又重重的生命之火。這是沒有街道的地方，是流浪漢和貴族混種的後代，除了見面時，不同的打招呼手勢。

道別時，也有不同的笑容。

我　直在等待，聖詹姆士公園的夢。

(2011.04.23初稿，2014.11.08再修)

博物館的幽靈都已經忘記回家的路了

古今的幽靈，都安靜下來了。

當你走進時，很難不被博物館的新裝潢所震撼。你會趕緊想找自己在哪裡，以免自己因為過於渺小，而忘記了自己是誰。

是誰在星夜之外的星夜，還敢宣稱自己是日不落的自己？溫和的燈光，難以形成清晰的身影，也可能由於時間難以捉摸，子民和帝國，守著相同的處女星座，卻依然難以挽留，曾經迷人心智的曖昧。如何在智慧的幽靈裡，奮不顧身地，與趨炎附勢的小人，保持壁壘分明的忠誠。

還有誰的，哀號聲被忽略了嗎？

從光年的旅行裡遇見了，歷史和未來的交配，在歡愉和苦痛的空間，風吹過沙沙的河床。走上圍著半圓牆壁而上的寬闊階梯，是誰在找誰呢？神秘主義在新修空間裡，絕對需要一席之地，以清新臉譜，擺設如八卦陣的行頭。我們需要調整腦海的驚天巨浪，細細品味神秘的風味，如何在貿易風的季節裡，意志堅定。

而且順手阻擋，古代帆船和現在風浪的交媾後，子孫是否還能繁殖半夜歌聲的星子，與錯錯落落的紫色花序。

希臘神聖殿堂已經四分五裂了。眾神在文學裡，找到了安置的部落，四和五還是象徵的單純數字，我們卻都已經難以使用加法，把它們相加後，希臘神殿就可以被重新拼貼成古時候。石頭打造的神祇，在風中，被綁架到了溫

室裡，古老神殿裡的神格，千里飛翔後，改駐紮在文字說明的委屈裡，以失去背景的茫茫，等待未來人的解放。

他們掌管的故里，已經無力承受，零零落落的讚頌了，雅典娜失去戰場後的憂鬱症，宙斯還想再次乖戾地誘惑歐羅巴，只是時不我予了。他們還在適應著創傷症狀群，雖然英國已經極力地做好，綁架者能夠提供的，最大範疇的溫度和濕度舒適。

也許久而久之，眾神就會漸漸默不作聲，落籍成英國的子民。

如果巴比倫的春天，曾經撒手，背叛了它的子民，守城的大軍，跟著春天丟棄了它的武器。它的君王只能眼睜睜，看著負責看守城垣的翅膀巨獸，被切割成片片斷斷的歷史證據。巨獸翅膀有著被切割的傷痕，石塊上留下了永遠難以修復的驚恐。它來不及求援之前，船隊已經出發，準備渡海，面對白天突來的巨浪，或者深夜摸黑帶著海峽大軍，想要吞噬已經受傷，再也無法反抗的城門大神。

後來，一切都歇息了，歷史在惡夢裡，散落在荒野的草叢。

具有螢光的小蟲被歷史的恐怖份子催促著，在文字書寫之前的，加緊啓動貫徹始終的莫名意志。不安的是，來來往往的旅人，尋找新鮮的異國風味，聆聽路人的抱不平。至今，已經難以找到新奇的物理學語言了。已經不論再說什麼，昔日的風風光光，被化學變化的實驗場，一再的解說而蛻變。方程式的兩端，已經是難以了解的秘笈，千軍

萬馬只有敵人的蹤影，才能提振士氣。但是，敵人已經悄悄改裝，縱然有光線，蹤影已經不再是，熟諳地形起伏的自己了。

還有其它空間，可以容納生生死死。

埃及的子民被嚴肅包紮，為了她的來世光榮，我們再也看不見任何傷痕了。忘記傷口的民族，終將被時間的龐然大物，張開巨嘴吞嚥兒時的記憶。沒有兒時記憶的民族，終將完全消失。那是失去母親的古老嬰兒，他活了至少一千年後，流浪到這裡，仍堅稱是埃及的子民，但是他已經失去語言了。只是容納國王身後骨骼的金字塔，無法搬遷到博物館，這讓沙漠裡的風沙，笑了整整的數百年。

巫師以魔法，加上化學式分子，相互滲透，木乃伊能夠說的，遠比她在世時，還要更複雜的風情。她等待心愛的人時，她身上的薄紗，如何遇見微風時，悄悄地掀起了，心情的欲望和隨後的死寂。

唉，已經超過悲傷的時限了，也缺乏時效了，還有誰能在躺下前，舉手等待呼叫，準備隨時站起身來，述說自己是多麼寂寞。

曾經死過的人，總比活過的，還要多得多，如今，異鄉人在獵戶星座裡，茫然若失，想像今生今世，在獵人的腰帶裡，那顆閃爍的星子，至今，是否安在否？

誰？是否安在否？

(2011.04.24初稿，2014.11.15再修)

貝爾賽斯公園路在寒冷的時候

冷風：我無法區分誰是小人，誰是君子。我吹向每個人。不論是倫敦出生的金髮小孩，或者臨時受雇，帶小孩上下學的羅馬尼亞年輕女孩。那位金髮男孩，你要看清楚，他可能是未來頗受歡迎的政客，也可能幹出令人傷心的事。

黑暗：大多數有名有姓的喧嘩，都安靜了下來，只有枯枝們，還忙碌地比手畫腳，爭論著白天裡，那些小學生的服裝，是否仍要維持著傳統的海軍領。我記得，幾位羅馬尼亞來的年輕女孩，也曾加入這場討論，他們堅持一定要維持傳統的海軍領。那是她們來到倫敦前就知道的事。

老樹：我的心是剛新生的組織，這不需要我做太多的解釋吧，枝頭的爭議並不是新鮮的事。我倒是很介意，三天前，29號的新修門前階梯，竟把一堆石塊垃圾，一直放在我的根上。

道路：我也無法決定喜劇，或者悲劇先上場，如何在我起伏的身上，定調扮演多情的種子。那是由脂肪和蛋白質，多場次談判後的結果，至於維生素B群的命運，我只能等待，況且還未確定，D群是否在陽光潰不成軍後，還能站出來，替自己說些話。

（我想還是依這個順序，輪流說話好了。夜深了，自由發言的機制，就好好休息了。）

冷風：幾個老居民在日落前，還在抱怨我，怎麼今年冬天，特別的漫長。他們的伴侶，都已經相繼過世了，憂鬱

還在長椅上漫遊。也有我的憂鬱，在分子和分子之間，以數位累加的程式，越過等號兩邊，相互聚集取暖。

黑暗：在希臘神話裡，我有自己的名字，在倫敦貝爾賽斯公園路，我卻一直找不到自己的傳承。還好曾住在附近的詩人濟慈，他的夜鶯低鳴，也算是替我的存在，加上了兩頁詩意。這條路的安全性很高，酒醉的流浪漢很少經過這裡，問題是守夜的星星，今天都不見了蹤跡。

老樹：經濟傷口還沒有完全癒合，幾天後，威廉王子和平民凱特，即將在白金漢宮和西敏寺之間，牽連皇族的盛事。不再近親通婚後，皇族間血小板缺乏的遺傳，也漸漸能夠彌縫經濟的失血。只可惜，童話般的金色馬車，離這裡有些遠了，但是連小學生都抱著期待，王子和公主的故事，依然是個不會失去流行的主題。

道路：唉，要怎麼說呢，我已經盡力讓自己翻轉，在這一帶多丘陵的起伏。我還記得，路過那個三角公園，一群剛下課的小學生，伸長舌頭舔著冰淇淋，好像那是一天裡最溫暖的表情。但是，我仍然覺得，自己承受的無窮壓力，我始終唱不出讚美歌，好像那是今生最髒亂的傳染病。

（看來，還是依之前的排序，再說一些想法吧。除非有誰，已無法抵擋午夜的睡意。）

冷風：那就再談談我的憂鬱吧。午夜裡，已經急速下降了走路速度，我並不悔恨什麼，回憶二次世界大戰後，每次心冷地撒手，任由淒楚獨佔戰後遺族，我相信，這一切都是多餘的人生了。至少在當年的濃霧裡，我始終堅持著，

不變的寬度，殘酷和仁慈都是我的兄弟。

黑暗：但是，需要哀悼什麼嗎？昨天夜歸的那位老婦人，她先生才過世不久。她去倫敦外的遠地參加老友喪禮。兒女都已遠離，終究得自己照顧自己，我只是盡職地，壓低哀傷的氣氛，讓遠古以來的幽靈，得以相聚，繼續編織天使的衣裳。尤其這丘陵地的晚冬，需要組織全身的毛細孔，編排訓練有素的肌肉群，和零零落落的白血球，隨時機動應付肺炎雙球菌的侵襲。

老樹：畢竟這是一代接著一代的傳承，讓我能夠躲過轟炸，只要稍有閃失，早就支離破碎了。但是，還要這麼低調嗎？我有太多夢想，卻無法遠走他方，就算是呼風喚雨，我還是無法讓那張路旁長椅，免於青苔對於時間的流連。我真的想知道，你們是否介意和好奇，那位脂粉味濃郁的女士，牽著吉娃娃狗走過這裡時，總是在夜半時刻？

道路：曾經來過的人，也會曾經離開，都是過去式了。走路只為了跟得上正義，雖然懦弱總是搭著馬車經過。但是，馬車已經是久遠時代的事了，至於那些以馬廄為名的路口轉彎處，只是為了說明，馬蹄鐵的敲打聲，只要你側耳傾聽，歷史會樂意替你再走一次。

（我刻意壓低帽沿，為了不要被指認出來，我是夜歸的撒旦。雖然，我一直不相信，撒旦真的存在嗎？）

(2011.04.25初稿，2014.11.15再修)

至於，那把孤獨的低音大提琴聲

　　除了文字與聲音，詩還是什麼？

　　泰晤仕河畔拘謹的低音大提琴，喬裝成落寞的風聲，遠從倫敦還要更北的地方，順著河流，沿路抗議，光明和黑暗的二分法，讓低音符號還無法找到容身之處。這是和我不一樣的童年，永遠在來不及之前，靜下心來，摸摸自己的血脈之河，確定熱情還在河岸蔓延。

　　很久以後，我才知，詩製作了人，但這是令人徬徨，而且難以理解的製作過程。對於不知道的，我們就把自己變成旅人，或者意圖像個旅人。

　　我們以爲早來了，大廳裡剩下的座位，竟然不多了。我們拎著壽司和泰式酸辣湯，以及熱咖啡。詢問女子，是否同意我們與她坐同一張桌子？她笑著說：「沒有問題。」簡單的答案裡，卻是蘊含了複雜的數學問題，一張桌子和四張椅子的組合，誰擁有了那張桌子。

　　這是旅人的問題，也是人生之河裡，詩的問題。尤其是河的明喻，已經是古老的傳承，需要重新思索，另一個比喻，讓自己有個容身之處。

　　我們看見，其他人大都吃著各式三明治，或潛艇堡，配上紅酒或咖啡。這些老生常談的生活習慣，是成不了詩的，因爲材料太平常了？需要重新思索，一片葉子，眞的可以知道秋天嗎？一杯紅酒，可以撐起多少細胞，放映著昔日幻影，母親口中的搖籃曲？

　　我一邊吃，一邊想著：「這個圓桌面已成爲劇場的舞台，壽司離開的方式，是否優雅，就在右手的姿勢。紅酒在舞台的起起落落，則考驗著嘴巴和喉嚨之間，長久的革命情懷，是否能夠承受冷言冷語。」

　　泰晤仕河南岸的國家戲劇院，談不上鮮明的水泥外觀，等待著藝術家編織人情和三明治的冷暖。一樓大廳的中央位置，最近新鋪設流線型圓桌，寫著「新圓桌論壇」。女主持人的麥克風，跑步的速度翻攪鍋蓋裡的文字，意圖炒熱氣氛，並邀請有興趣的人，坐進圓桌，拿出藏寶箱裡的思緒和語言，談談今天來戲劇院的目的，或對於戲劇的想法，作爲配酒的前菜和沙拉。

　　有位老婦人，站在不遠處，大聲回應，剛剛有人提及的，猶太人的議題。她站在我們這桌和論壇之間，這讓我們瞬間也成爲，舞台上表演的一部分。她對於以色列的政治，有不同的想法。右手拿著一杯白酒，神情應是已享受了美好的餐點後，試圖吐露智慧女神的愉悅心情，卻因爲無意中，窺視了眾神的歡愉，反被這個嚴肅議題，弄得石化僵凝。女主持人試圖一再邀請她，坐進圓桌，來發表意見。她起初不肯，後來坐下，很快談了自己的想法後，即又起身要離開。

　　除了表演和劇情，戲劇是什麼？八爪章魚的黑色眼淚，帶出了島嶼的哀傷，哼唱著悲傷的歌曲，修復著難以跨越的鴻溝，如海峽，也如毛髮之間。主廳的戲就要上演了。我們看午場二點十五分的「綠色大地」。這是我們今天的

主菜。進場後，嚇一跳，竟然慘淡票房。剛剛大廳裡擠滿的人頭，往另一間戲廳走去。

我對自己說：「也許可以有別的心情，來看最後的結局。」這是我處理困惑的方式，也可能是增加困惑的說法。壽司上的哇沙米，突然回嗆在喉頭，提醒我，剛剛忘記了，把醬油調進口味心情裡。

「好懶惰的劇作家和導演，只把綠色溫度效應的議題，說教般表達一番。」有人這麼說。也許這是這部戲，如此少人看的緣故吧。「偌大的舞台上，只有幾張嘴巴，動來動去，想傳遞未來的災難。但是，嘴巴能夠說得動人？」何以環保題材，這個重大課題卻被處理得，如此缺乏情色，撐不起興奮大旗。

至於，那把孤獨的低音大提琴聲，仍在河畔述說著，失望如何在四面八方散步，慢慢加入定音大鼓的節奏，以大步卻穩重的腳步，跨出自己的胸膛。

我不曾是戲子，卻一直私心地，張揚著作戲的詩篇。想在漫天的耳語裡，豎立幾聲嘆息，在愛和恨的中間，栽培寧靜七條河流。午後，以七弦琴的古調，撥弄兒時的記憶。那裡有失望，也有幸福笑容，有意無意中撐開了，鄉間廟前廣場所散播的意志。

還有，無止盡的，迴音。

(2011.04.26初稿，2014.11.18再修)

蝴蝶結和宗教畫掛在午夜的車廂

果陀，今晚你果然依約出現了。

不必太計較，我打招呼的方式吧，畢竟，我還是介意，你多次的爽約。你知道，哨兵已經撤走了，冷風也被隔離在站外了，週六午夜的倫敦地鐵。

一位二十多歲女孩，慢條斯理坐下，從寶藍袋子裡，取出長靴和圍巾。先將圍巾圈上，打好結，調整好位置，讓蝴蝶結擺在脖頸正前方，因為天冷，她的脖子是更白了。她已經很熟練了，如何在水流通過時，準確地伸手撈取一朵落花。

果陀，你怎麼想像呢，她那表情，很確定旁人都在場，卻又沒有要讓別人看見她。

如果沈默，可以讓幾首好詩，在車廂裡流動，你應該不會有意見吧，果陀，你說，是嗎？午夜的地鐵出奇地安靜，只有車廂外的空氣，一再抱怨寒冷吧。很訝異，風竟然一直不認命。

她再將簡便涼鞋，脫在左腳旁，要換上擺在右腳旁的長統馬靴。她剛剛參加舞會吧。也許是傳統酒館的現代風，或者是新型夜店的復古風，只是做同一件事就是了。

我已不再呼喚你的名字了，你出現我面前，卻始終不回應我。我們都已經過了迷失的年代，除非你相信，你故鄉的靈魂之泉健力士，可以捕風捉影，彌補讓你覺得迷失的，那枝枯萎的黃花。

　　她換著長統馬靴，速度很慢很慢，眞的很慢，時間被分割成，無限條的細細絲絲，在她手上，一針一針編織著自己的介紹信。她穿著鮮艷粉紅的上衣，吸引坐在附近的旅客，看著她的一舉一動。她的涼鞋是皮革線條織成，兩腳踝的金色閃閃。

　　她先脫下左腳涼鞋，露出有彩繪的腳拇指，穿上紅白相間的短襪，再套上深褐皮馬靴。我眞的不再呼喚，你的名字了，但仍想聽聽你的想法，人生，來來去去，流水帳卻流不走，有充份理由的寂寞，也帶不走，沒有十足緣由的思念。

　　然後，她再拿出，長至手肘的皮手套，細薄的材質，黑色。她不把乘客放在心上，或者以某種還不可解的方式放在心上，卻在臉上無意中流露了，風中的獵鷹，銳利的雙眼，對於臉部表情的背叛，令人怯場的撕殺。

　　她慢慢地，調整手套的位置。

　　後來，身體坐正，把手提袋放在大腿上。隔壁的男子開始搭訕，她並未拒絕與男子說話，兩人的聲音都很大聲。女的音調，在空中飄的棉絮，無意停落在這個世間。雖然男子的口氣，出力要把某些渺渺主題，穩固下來。果陀，你要保持清醒啊。我叫你的名字，只是不要被人誤解，我是在叫醒車廂裡其他人。

　　我知道，同情自己，是人世間最無情的戰爭，七百年仇恨的愛爾蘭共和軍，都已經掩軍停戰了，你的自嘆自哀，卻始終不停息。

　　男子在歐頓站下車。三男一女上車，吵雜。女的穿著短裙，將門口附近的直立鐵柱，當成錯置的單槓。一男子也湊上去，四隻腳在空中交纏，男女笑得很大聲，並喊叫著難以聽懂的話語，另兩位男子，靜靜地看著他們。

　　他們不是在交配，也不是在調情，只是以孤單相互餵食，寂寞卻突然掉落地板，英女王肖像的五元硬幣，滾動一番後，安靜地躺在車廂地板上。不知道那四隻腿，會發生什麼之前，沒有人想去撿起它。

　　我承認我敗給你了。

　　我還是叫著你，這親密的名字，果陀，你知道嗎，當我從袋子裡，拿出詩集時，台灣的颱風在我的東北角，吹散了古典造型的雲彩。原來坐著的女子，拿出仕女雜誌閱讀，剛剛並沒有發生什麼事。她的表情，慢慢恢復得如同其他旅客，都在等待回家，或者回旅館的樣子。

　　到了莫寧半月站，三男一女找到座位，坐定後，隨即靜默了下來。果陀，你應該可以感受到，這種靜默裡，埋伏著已死去的麥子，和吹過麥子的風。

　　安靜裡，到了肯登站。一位年輕男子上車，坐在女子對面空位。男子穿著牛仔褲，垂柳在倒影裡，一直看著女子。男子右手捧扶著自己的下體，不動也不動，左手手指分開，不停地梳著直長的金髮。他的表情很嚴肅，從國家美術館裡借來的，幾世紀前的宗教畫。女子，看了對方一眼後，無動於衷地閱讀雜誌，下一站粉筆農場站，踩著優雅腳步下車了。

男子仍是右手扶著下體，動也不動，左手已經放下，靠在椅靠上，兩眼無神，盯著地板。另一幅宗教畫，掛在午夜的車廂。果陀，你知道嗎，我下車時，宗教畫像還高掛著，那枚女王的硬幣，仍在地板上。

(2011.04.27初稿，2014.11.26再修)

華格納《帕西法爾》在迷宮裡相遇了困惑

他喬裝成死而復活的賣藝人。

這次，他宣稱帶來了正義和和平，像是風中打結的旗幟，等待路人的眼光。街燈漸漸暗淡了，正義隨著模糊，和平也在尋找門廊外，可以迴避今晚露水浸染的地方。

這些只是想像，我還站在遠處，冷漠如版畫裡，凝結空中的雨滴，旁觀疏離感，如何婉言相勸，那群從天而降的天鵝，熟悉陰暗裡，撐著沒落場面的走路方式。

至於，我和華格納在倫敦相遇，純粹是意料之外，我在驚訝之餘，仍撥出空檔，試圖想像，他的華麗裡，早已深藏的陰霾，到底在哪個音符裡。我知道，他的思想曾經觸怒了正義，這讓我遠離了他和他的一切。希特勒曾經說過：「欲了解國家社會主義之德國，必須先曉得華格納」。我一直困惑著，歌劇音符裡的革命天才，在文字裡，卻處處栽種了，刺人深處的反猶芒草。

華格納歌劇《帕西法爾》的中場休息，五個半小時的三幕戲。紳士與女仕打扮的看戲者，交錯落坐在往酒吧的樓梯上。路過者得左閃右避，以免踩到，他們擺在地毯上的葡萄酒杯。

紅色地毯上如迷宮的圖案，我也想像：「這是什麼經驗呢？首次看了華格納歌劇。」

他還委身在迷宮的圖案，不是森林，卻是難以一語道盡，黃昏的迷惘。他不知道還有誰，將在垂死前，吟唱另

一首思慕的人，並在唱完後，回身望向人生大海，數著浮游者的起起落落。過往的青春，已經在蛛絲馬跡裡徘徊良久，他在等待自己原諒自己，這卻是最困難的事情。

帕西法爾強調，唯有憐憫，才能找到智慧，只有愚人，才能了解這是怎麼回事。1882年，華格納重返拜魯特，參加了《帕西法爾》的首演，他在最後一場演出中，親身指揮。隨後，華格納又回到威尼斯休養。終究敵不過詛咒，與時間的夾殺，身體總要安息的。

有人已回座位，閱讀著歌劇的本事冊子。有人站起來東看西看，有人聊天。很多人吃著冰淇淋，暖室裡的胃需要冰涼，才能撐著下回合的精神。不久後，手搖鈴聲從酒吧裡傳了出來，提醒觀眾，得回座了，下回合就要開始了。我們吃著，自己帶來的花生和起司，消化著神秘的宗教氛圍裡，華格納晚年的生命探尋。死亡已逼近，他仍圍起劇場，唱著迷迷離離的人生。

「好冷啊，這裡沒有暖氣。」這是廁所裡，聽到幾個紳士間的對話。也有人說：「太複雜了，洗手前，要觸一下紅外線。洗手後，還要再觸一下，水才會停下來。」

「這對我們來說，真的太複雜了。」

有位老先生穿著西裝，在長排椅子間走了一半，卻發現自己走錯行了，所有曾站起來讓他路過者，只好又再站起身，讓他回頭找位置。那一排人大多穿著西裝。我只是偶然，在此與華格納短暫相遇。在西端戲劇區的半價票亭買票後，才知這部是華格納的歌劇。起初，只是想「就隨

意看一部歌劇吧，看看傳統歌劇是什麼樣貌。」沒想到，就遭遇了華格納名劇之一。

　　他沿著山丘走。他已經沈默了，收拾著，一路走來，起伏的論理微光，在悲情人世，搜集歷史耕稼裡，遺留的殘酷與溫情。只適合在微亮裡，才能看得最清楚，人的盲目，好像古老建築，所不經意透露的弧形記憶，承受了無知的重荷。他只能沈默，整理失落的時間，擺脫喉結裡，那群候鳥飛揚的翅膀，掀起落落長音與感嘆。

　　中場休息時，我才突然想到，會想：「就看一部歌劇吧」，那是回應一年前的聲音。在倫敦老師麥克家中，他放著歌劇的影片，建議我們，可以嘗試看一下這個古老傳統。我一直記得，他的熱心，雖然沒有想起，他的話語。

　　「不知道更早以前的歌劇，是否有這些表演方式，或者只是唱歌？」這是我對於陌生歌劇的簡單疑問。雖然，我堅拒任何簡單的答案，那像一路哼唱的無調詛咒，只會遠離憐憫。當《諸神的黃昏》響起，沿路黑色弔旗張揚，但是，我仍遺憾著，看不到華格納晚年的智慧，讓他後悔，他曾說過的話語。

　　也許憐憫，已經遠遠超過年老心臟的負荷。

(2011.04.28初稿，2014.11.26再修)

來倫敦要找尋什麼呢？卻有不知名小花誤闖

「來倫敦要找尋什麼呢？」

如何相信，其中有美麗的答案呢？一千條森林裡的蔓藤，交纏在心頭，那個最感到貧乏的基地。縱然有不知名小花誤闖，仍然值得問它，你來的地方是個怎樣的田地呢？或者，茂盛的竹林高樓，不知如何牽扯拉下枝端，已然成熟的野生百香果？這不是英國海關關員的詢問，也不是台灣早年警總官員的質疑，是從土地裡冒生出來的疑惑。

「能夠找尋的就是自己吧。不然還能找尋什麼呢？」

未免太直接了吧，需要在濃霧森林裡，攀枝緣藤，等待。不再是霧散後的明朗，而是摸索著剛萌芽的初生，以呵護的心情，在祈禱文裡加註了，「今天是快樂的一天，也有些許的憂傷，如同三教九流張燈結彩，卻被沈默沖垮了。」這是很有野心的描述，如果泰晤士河上的風，依然蔓延在心事表面，當然捉摸不定。

「又何必千里迢迢來到倫敦，在異地尋找自己呢？」

唉，多麼難以回答的問題。陌生的伯貝利風衣底下的你，卻問這麼深邃的山谷。如何在山間小徑，找到昨夜趕路時，失落在路旁的氣味，畢竟，自己原本就是遠離石楠的，拒絕數學可以數落人生的起伏。飛行是必要的，卻仍然難以定型化客製自己的緣由。

唉，這讓我多麼難以呼應，這個彷彿單純的初春之風。

「已經難以找到，最原始的原因了，是各種因緣湊巧吧。」

如果鼻子可以感觸到迫切的心情，它將會宣稱，不論風向哪裡吹，寒暄終究抵不過深刻的告白。有一天，總要讓自己知道，如何被那朵不知名小花擺佈。

或者就這麼站起來，離開河畔的長椅，望向河中微風的細浪，以最複雜的工程學方程式，在算術裡載沈載浮，期待在入海前，推算出最完美的數字模型，拼出微笑的嘴角，需要多少的肌肉力道。

「但是，這種說法不能探索各種可能性。」

如果只是推向死巷，那只是無謂的工作，我寧願咀嚼著不加配料的白麵包，理解事物的眾多可能性。或者，「無奈」是個隱形殺手，老早就受雇於童年鄉間的百步蛇，以張牙舞起它的寂寞，卻百般無奈，始終找不出還未消失的那個腳印，到底來自哪個神聖家族？

午夜了，攝氏零下二度也在戶外張牙舞爪，我在暖房裡，思索著自己的未來。以及如何在創作上，走出自己的路。書寫，不再是，年輕氣盛的衝動，只顧著踩在別人的腳印裡，冥頑不靈地左思右想，茄苳樹的果實那般苦澀。

而是，使命的飛翔，胭脂風情的伴奏，每個文字都變成了愛戀的公主，坐在馬車裡，等待王子的笑容。如何不被使命壓垮，能夠自由書寫自己想要的，才是公主和王子的戀情裡，千年來，平民百姓未竟的課題。

「還不知這條路，可以走得多深多遠。」

　　既然已開展了，當然奮力一搏。只能一字一字，興建自己的美學王國，誰是國王呢？文字建構起來的文本，自己只是文字的僕人，轉身在文學裡，拼拼貼貼想像力。至於國王，他很早就把自己藏身在字和字之間。當你微笑的時候，他就現身。當你眉目緊鎖，他就隱藏。

　　突然有股哀傷的感覺，也許是美空雲雀的演歌，滄桑的嗓音，傳遞著離情。「倫敦是第二故鄉，我得暫時有些距離，為了找尋自己而來，也為了尋覓自己，得暫時告別倫敦。」

　　「京都也是第二故鄉。卻是不同的思念方式，透過川端康成的小說『古都』，完成心中的旅行，也是找尋自己的途徑。」

　　「在倫敦，找到了愛爾蘭詩人葉慈和奚尼，他們的心志和藝術，在於喚醒愛爾蘭在英國壓制下，七百年漫長的哀傷史。多少心志的堆疊，才能推出兩位詩人的心靈高度，再幻化為簡單豐富的文字，以聲音的翅膀，在海峽之間流浪。」

　　這是我在隱約之間，偷聽到的風聲。不知道何以說話者，以膽怯的語調，掀開了思想史裡的迷失，如何在一覺醒來後，立即拿起身旁的紙和筆，以失去語言者的時空背景，努力捕捉風中的聲音。

　　「來倫敦要找尋什麼呢？」

（2011.04.29初稿，2014.11.28再修）

雜文

（三篇徘徊在憂鬱裡的風雨聲）

創傷經驗裡抑鬱「做自己」的困境

前言：

　　童年遭受創傷經驗的當事者，長大後會因爲什麼因素而來求助心理治療呢？可能因爲各種精神官能症症狀，如憂鬱、恐慌以及人際或工作困境等，但如果是早就有的人生困境，何以會到某個狀態下才開始求助呢？在求助之前，他們是如何度過他們受苦的日子呢？這些早年的創傷經驗，是以什麼方式留存呢？後來當事者所呈現的問題，和早年的創傷經驗是什麼關係呢？當事者所自述的主要問題，如果都是精神官能症相關的症狀，何以其他的精神官能症者，不曾抱怨或呈現生命早年的創傷經驗呢？

　　另外，在這些經驗裡，當事者説要「做自己」時，那個自己是什麼？這個自己受了當年創傷經驗的何種影響呢？那個自己早就不是自己了，而是加上層層疊疊的別人，卻被當事者誤以爲那是自己？在種種疑惑下，當我們抑鬱宣稱要做自己時，會遭遇什麼困境呢？

歷史事實和心理眞實

　　生命早年的創傷後，後來的症狀是可以直接被發現和

那些創傷經驗有關嗎？如果是這樣子，是否精神醫學和精神分析的診斷和處理就容易多了。只是臨床經驗常不是如此，何以如此呢？因為臨床症狀和成因之間的關係，仍是處於多重解釋的狀態，不論是從深度心理學、生物基因學或其它身心靈的論點。

從精神分析的角度來說，有人認為佛洛伊德當年是故意輕忽了，成人個案在早年曾有的實質創傷經驗（包括性創傷），而只強調當事者的心理真實，自覺曾有的創傷而不必然是歷史事實（historic truth）裡曾有的創傷。雖然也早知佛洛伊德是從臨床經驗，了解到診療室裡的困境，如何只從當事者的口述，即完全確信這些口述史的內容是歷史事實呢？的確有它的困難度，但是佛洛伊德將論點轉成，不論當年經歷了什麼，如果當事者呈現了問題，就意味著在心理真實（psychic reality）有創傷經驗的存在。

雖然佛洛伊德將精神疾病的病因，從歷史事實的向度轉向心理真實，讓一些不同意見者有所評論，認為佛洛伊德刻意忽略求助者的早年歷史事實的經驗，可能反而讓當事者覺得不被接受而有二度的傷害。佛洛伊德的論述至今也有百年了，到目前這些論述在臨床上有多少道理呢？仍是有意義的論述嗎？

對於口述歷史的內容，作為讀者，要相信別人陳述出來的生命史內容嗎？其實至今的歷史學者也知道，任何個體陳述早年史，都會深受目前情境的影響，這也跟診療室的經驗是接近的。此時此地的經驗，會影響當事者對於早

年記憶的扭曲，但是真正的難題是如何區辨，哪些是當年確有的歷史事實？哪些是可能受後來經驗影響，而被不自覺地修改或扭曲的記憶呢？至今這仍是診療室的難題，不過，如果工作的重點是在心理真實，就不會有需要判斷是否歷史事實的難題了？

治療者將歷史事實擱置一旁的處置，並不是否認有歷史事實的發生，只是在診療室裡，無法確認當事者所說的故事是否屬於歷史事實？這意味著治療者根本沒有能力判定，那些故事本身是否在歷史上曾真實發生過？另外再加上一個難題，就算是當年發生過的歷史事實，事過境遷後，當事者對於那些事件的解釋和感受，可能會受當前的狀態以及要跟誰說而有所更動，也就是說，當事者對於當年的故事，會不自覺地依眼前情況而有所調整，包括表達的方式和內容，這自然增加對於歷史事實的判定和解讀上的歧異性。

例如，針對一些有妄想和幻聽症狀的個案，如果治療者只是將重點放在反駁個案確信的妄想和幻聽，會發現如果以歷史事實或眼前的事實，要讓個案接受他們所想的和所聽見的都不是事實，這幾乎是不可能的任務。甚至可能反而招來個案的反彈和反感，但是如果從心理真實的角度來觀察，不論歷史事實是什麼，治療者是接受個案心理真實上的複雜感受。

對精神分析來說，因為當年佛洛伊德以心理真實就是真實為焦點，不再只是在歷史事實上辨真假，因此開創了

精神分析和精神分析取向心理治療至今的工作模樣。對於佛洛伊德和精神分析來說，那些童年的幻想並不是被當作是假的，而是被當作心理真實來處理。並不因為是幻想，就不理會或硬要壓抑掉。精神分析自從佛洛伊德以降，即是從重視以前大家不會重視的，人的幻想，並把那些幻想當作是心理真實來對待和分析，因為是假設那些幻想裡，蘊含了人從生命早年以來的豐富訊息。

至於需要有檢察官般能力，探查歷史上曾經發生什麼歷史事實，並在這些事實的基礎上進行治療的方式，的確不是精神分析以降的主要著力點。這不是說精神分析取向否認當事者在早年，是否曾發生某創傷的歷史事實。如果是事實，任何人是無法否認，但是作為只能在診療室裡聆聽個案陳述的治療者，對於如何判定歷史事實，其實能力是有限的。我們甚至也懷疑，如果缺乏如檢察官那般能力和法定權力者，治療者能夠真正知道歷史事實是什麼？但是精神分析取向者不是以「否認」歷史事實作為出發點，而是以治療者有能力處理的「心理真實」作出發點，因為幻想是心理真實的外顯型式。

以一個案例片段來進一步說明。（個案的個人資料都已有所調整。以下的片段其實是臨床上常見的現象。）

臨床案例片段：

年輕女個案，多年來一直受苦於心情抑鬱不佳，常有想死的念頭，也有暴食和恐慌的症狀。她在國中時，即偶

爾會在半夜心情不好時，以美工刀輕劃手腕內側，看著血流出來，就感覺很有希望。後來甚至熟練到，只讓血浮現在傷口就凝固了，不會流下來沾染到桌面。工作上，很難保持持續在同一家公司，因為她很快覺得同事和上司都是故意針對她，故意找她的麻煩，讓她很難再待下去。然後就在自覺快要出事了之前，她就辭掉工作。

個案在心理治療的第一次會談時，即談起當年父親對她的肢體暴力，以及性的干擾。她的談話內容也大致將自己後來的問題，例如，工作和人際的問題，都歸因於當年的這些經驗。在每次的治療裡，也都談到她一直在猶豫著，是否要將年老的父親接來一起住？雖然在通話中，她常常會生氣的掛父親的電話。至於她的母親，在多年前因生病而過世了。在母親過世後，她心情變得更不好，才開始求助精神科，但是她一直拒絕醫師的建議做心理治療。

她覺得自己的問題已經很清楚了，不必再多談了，因為她的一切問題都是來自於當年父親虐待她。她說不知道為什麼，她會想到將父親接來一起住？她只是覺得，父親老了，很可憐。她覺得自己必須這麼做，尤其母親過世前，曾對她說要好好照顧父親，要她原諒父親。但她說，她這一輩子不可能原諒父親。她卻在開始心理治療四個月後，有次治療突然說，她在兩個月前，就將父親接回家住了。

她的反應讓治療者很不解，這兩個月裡，治療者幾乎沒有聽出，她已將父親接回家一起住了。雖然起初她是以猶豫的方式，多次談及是否要接父親回家住？只是看來她

的猶豫並不是要治療者給予意見，她再三強調，她是看開了，覺得自己不需要再計較父親對她的傷害了。

她離開診療室後，治療者都不確定，是否會有下一次？這種感受讓治療者好像處於，如果她有所不幸都是治療者的錯，好像治療者只是她的奴隸供她驅使，需要對她的未來負責。或者她能不能再活下去，也要治療者負責任，但她卻只要自己決定將父親接回家。這等於是製造了更危險的情境，也許治療者被淹沒在這種壓力，而未能聽得出來她早就將父親接回家住了。另外，她在每次治療時，都會提到要「做自己」，當她在工作和同事間遇到困境時，最常見的說詞是他們都太自私，只要她聽他們的意見，會覺得自己根本被當作奴隸而已。

做自己是做主人，或是做奴隸？

前述案例可以有很多角度來解析，不過本文只針對關於「做自己」這個想法和欲望所呈現的複雜面。

「做自己」這句話早就響徹雲霄了。但是什麼是做自己呢？對這位女個案來說，當她覺得想要做自己時的對照面，是覺得自己被別人當作奴隸。每次個案來會談後，何以治療者卻覺得，自己好像必須對她的生命負起所有責任？如果她有所不測而傷害自己，那也是治療者沒有幫上忙的緣故。治療者甚至曾覺得，好像她說出當年父親虐待她之

後的所有事情，都是治療者沒有幫上忙，才使她無法從那些問題裡解脫出來。在這種互動狀況裡，她是充分地「做自己」嗎？如果是做自己了，何以卻是讓治療者覺得，自己成為她的奴隸呢？難道她的做自己，是要別人做奴隸嗎？雖然她在描述以前的人際關係時，大都是覺得別人將她當作是奴隸。

前述現象可以從不同角度來論述和思考，只因為在深度心理學裡，其實很難有個標準答案，但是當要「做自己」被說出來時，總是難以抵擋和反駁說出這句話的人，因為「做自己」是如此理由正當，大概很少有人敢在對方說要「做自己」時，說出另一面的其它觀察，讓人覺得好像在壓抑對方做自己。但是確定「做自己」就是做自己嗎？是否可能反而在做別人的奴隸呢？

例如，當前述案例的個案覺得別人都把她當作奴隸，因此她總是在要被辭退前，先自行離職了。對她來說，也許覺得先行離職的動作是做自己，但是果真有此可能所有和她合作的人，都把她當奴隸嗎？以她和治療者的互動來說，何以治療者會覺得自己好像是她情緒上的奴隸，要負責她在診療室外是否會傷害自己的最後責任？雖然是否傷害自己，是操縱在她自己手中，既然是她自己做了決定，卻怎麼老是讓治療者覺得，必須替她負責？例如，如果她自殺了，是治療者要負責，也就是治療者無形中變成了她的奴隸，這是怎麼回事呢？

「做自己」是指做自己的主人，但「自己」是什麼呢？

如果只從語詞來說，這句話的確是令人納悶，所謂做自己的主人，這意味著有個「自己」需要有個主人，而我們做自己的主人，是指自己是奴隸，因為當我們做了主人，相對的，自己就成了奴隸？這個語詞只是詭辯，硬是把大家理解的「做自己」是等於「做主人」？但是就算是詭辯，是否也有值得思索的地方？也就是說，只要有「做主人」就會有誰是奴隸，因此當我們宣稱做主人時，奴隸是誰？

如一般常問的「我是誰」，拿出一張名片就是自己了嗎？當我們說「做自己」，這個自己是有個絕對的名詞內容做基準嗎？或者它只是相對的，相對於你覺得什麼不是自己？因此自己是那個不是自己的其它部分，或者事情比這還要更複雜？以這案例來說，她意識上的自己是怎樣的人？跟她不自覺，但別人和她互動時卻對她有不同觀點，那是純粹別人的誤解，或者那也可能是她的一部分？只是她不自覺地呈現在和他人的互動裡，如果詢問和她互動的同事們，當然很困難也不符合精神分析取向的作法，但是治療者和她互動後的感受是她的一部分嗎？

進一步談論人和他人互動所帶來的相互感受裡，可能隱含的是什麼？

我先回到佛洛伊德在《精神分析新論（1932）》裡的一段話作為參考，來談論前述的疑問。

佛洛伊德帶著戲謔的口氣說，「自我（ego）很可憐，一直處在艱難的困境裡，因為自我必須服侍三個嚴苛的主人。自我必須盡力做好調和者的角色，以符合三位主人的

主張和需求……這三位暴君是外在環境、超我（superego）和原我（id）。」

這是怎麼回事？為什麼佛洛伊德所談論的那個ego，被我們翻譯為「自我」，怎麼會是佛洛伊德口中的奴隸呢？而且還要同時服侍三位主人，在主人的不同需求裡充當協調者的角色，這是怎麼回事？是我們使用的中譯名詞有問題嗎，或者中譯名詞是接近佛洛伊德的原意，因此佛洛伊德所講的是實情，只是我們不願接受？我們認為的「自我」根本就只是位奴隸，這個「自我」跟我們常常宣稱要做的「自己」有關嗎？

佛洛伊德將一般人覺得的「自己」再細分成，自我、原我和超我。而且它們大部分是屬於潛意識裡的「我」。進一步來說，兩個屬於自己的原我和超我，是主人，將被我們中譯為「自我」的角色當作是奴隸來指使，這是佛洛伊德界定的「自我」。但是這個被命名為「自我」的角色，會甘於作奴隸嗎？或者這種奴隸還擔任了其它重要功能？

例如，她想要將當年虐待她的年老父親接來一起住，這是誰做的決定呢？是要讓自己再度陷於當年的情境嗎？雖然如今，在生物的身體上已經起了很大變化了，她這麼做是要「做自己」當主人，因為父親是住在她的地方，不是當年她住在父親的地方。雖然在當年那叫做「家」，但如果她是要當主人，那麼父親變成了奴隸嗎？主人和奴隸會如何互動呢？或她讓父親跟她一起回家，是再度讓自己做父親的奴隸？

「做自己」的自己是什麼？

　　不論佛洛伊德怎麼說，有些精神分析者不喜歡佛洛伊德提出的這個自我、原我和超我的模式，覺得這個模式定型化和窄化了內心複雜世界，意味著他們定義的「自己」，是比佛洛伊德所定義的模式更複雜。是否我們定義的「自我」，就是我們真正想做的那個「自己」？這個自己是自己的主人，而不是別人的奴隸。

　　這麼說當然很激勵，也符合一般人對於「自己」的期待，主觀上覺得「自己」都是在自己能掌握的範圍。例如，當個案在這時候，想要將當年虐待她的父親接來一起住，除了覺得父親年老可憐的同情心外，有多少的成分覺得自己不再是當年的自己，覺得自己可以完全做主了，不再如當年那般恐懼了。但是個案何以猶豫，是否要接回父親呢？如何看待這種猶豫呢？是否仍有無法完全做主的自己，它的微弱聲音正在反抗，而形成外顯的猶豫感覺？

　　無論如何，先回到佛洛伊德的說法裡打轉一下作為對比，同時思索他這麼分類及他分派給不同定義下的「我」，不同的功能角色到底有什麼意義？

　　這些疑問和思考是必要的，畢竟什麼是「我」，以及「我是誰」一直是哲學、文學、歷史、政治學的基礎，都是為了人而存在。在心理治療的實務裡，不論起初的主訴問題是什麼，在一段時間後都可以觀察到，這些主訴和相關問題裡都有「我是誰」的課題，也有人說這就是所謂「認

同」的課題。

如果以我們的文字「自我」或「我」的概念，來理解「做自己」的「自己」是什麼？一如很難直接清楚定義什麼是「人」，雖然我們常說「有人性」或「沒人性」的語詞，但如果真的要細究這些詞語，不同人的定義仍有它的歧異性和著重點。畢竟如果從更多人的角度來看，很困難直接說「自己」是什麼而被所有人接受。

每個人只要願意開口說自己是什麼，當然會有一些答案被說出口，或者會以行為來呈現「自己」是什麼。在臨床經驗裡，關於「自己」是什麼的定義，在不同時候對不同的人說話時會有改變，甚至有些是相互矛盾的說詞。但是當事者對這些定義不見得有自覺，這會形成當事者覺得自己是怎樣的人，但旁人卻覺得當事者是另外不同的人。

例如，個案想要將父親接回家一起住，也許她覺得自己已經改變了，不會再像以前那樣子了，但是治療者何以仍替她擔心她和父親的相處呢？這種擔心常是意味著就算她此刻長大了，仍有可能會重複當年的狀態。這種擔心只是源於治療者本身的因素，或是她流露了某些跡象，被治療者捕捉到她沒有改變的自己仍然存在著？

在臨床上如何讓她能接受，其它的自己也是她自己的一部分？這是心理治療困難的地方，並不是告知她就解決了，畢竟起初是難以接受自己的命運，例如質疑怎會生在這樣的家庭，漸漸更困難的是，如何接受她自己也有多種面向？

　　尤其是如果假設我們口中的「我」，除了意識上自己定義的那個自己外，可能另有不自覺的部分也是「我」的一部分。但是那些不自覺部分，可能是意識上的自己不願接受或承認的，在精神分析的臨床經驗裡，幾乎是相信，人所認為的「自己」外，另有不自覺的「自己」深深影響著個案的日常生活，並且可能變成後來症狀的潛在因子。

　　例如，常有人大力宣稱自己是怎樣的人，但是周遭的人卻有不同觀點，甚至認為這個人的真實模樣，根本就是他所宣稱的相反，這是怎麼回事？他自己覺得的「自己」，和別人覺得他的「自己」有這種誤差，這是一般互動裡很常見的現象。我們怎麼解釋這種現象呢？

自己（我）包括另有不自知的自己

　　換成另一種說法，前文所提及的某人認定的自己，和別人認為他的樣子是不同的，也就是當事者自覺的「我」，和別人覺得他的「我」是相反或是有誤差，但這不是當事者的口誤，而是其他人從不同角度，看見了當事者的某個部分。

　　例如，進行心理治療幾次後，治療者漸覺得個案將她是否會自殺的變數，完全放在治療者的肩上，雖然沒有明言，但重複傳遞的是她若有不測，都是治療者沒有幫上忙。甚至有時治療者會覺得她在責備治療者，她若有不測「都

是治療者害的」。這種沒有明言的部分，在意識上看來是不合理，但是大多數早年受創傷個案會有類似的反應，甚至一般人也都會這麼想，將所有的責任都壓在幫她忙的人身上，這是她的朋友們很快離開她的部分原因，因為沒有人覺得能夠扛得起這種重任。

個案常認為是朋友們虐待她，故意聯合起來找她麻煩，她只好先行離開同事們，在這種不自覺另有其它因素的情況下，治療者雖然意識上知道，怎麼可能保證個案在外頭的狀況，除非將個案都強制住院，但是跡象常不是那麼強烈，而增加了臨床判斷的困難。治療者雖知如此，仍可能不自覺地認同這些期待，將她的生死放在治療者的肩上，這種認同通常是超過現實原則的期待，畢竟人對於人的理解仍是有限的，不論是何種心理治療的取向，誰敢說自己能夠完全掌握個案，如果治療者能如此宣稱，即是很令人吃驚的誇張。

前述說法並不是治療者不理會她的生死，而是治療者在治療過程裡，不知不覺地變成被她凌虐的對象了。這讓幫忙她的期待，超過了合乎現實可能的範圍，在心理上卻是重擔，可能讓治療者與個案雙方對眼前發生的某些重要事項視而不見，反而影響治療，只是這些情況通常只能事後回頭看時，才有機會看見它的小部分實情。

假設當事者或別人所感受到當事者的「自己」，都是當事者的一部分，那麼我們需要思索何以會如此呢？何以人對於「自己」是什麼會有差異呢？因此我們和周遭者所

共同認定的「自己」是有不同面向，這些不同面向是什麼意思呢？如何解釋不被當事者察覺的部分呢？以佛洛伊德的說法來看，意味著一般人所認定可以決定很多事的那個自己，並不必然是真正影響自己的自己，而是另有個不自知的自己才是真正決定者。

包括，個案決定要主動接年老父親跟她一起住，這是她的哪個部分做出這個決定？這是不自覺和自覺的她於內在世界裡，經歷哪些複雜的互動而做出決定呢？依精神分析來說，並不會只依據她所說出的話作為全部的理由，而是假設她所說出的理由是眾多不自覺的因素，所綜合出來的妥協結果，因此這些被說出來的理由，可能不是潛在裡真正的理由本身。

要了解人認定的自己，或是我們所說的自我，並不是真正且唯一決定「自己」是什麼樣子的自己。不過，要接受這個論述常會遭到很大的阻抗。例如，在一些衝突裡常出現的是，某人的朋友認為當事者是某種人，但當事者卻認為自己不是朋友所說的那種人。先不論誰說的對，誰說的錯的問題，而是各自從不同角度看到的內容，或別人所感受到的那一面，是當事者不自覺的部分，也就是屬於潛意識的領域內容。

因此佛洛伊德的精神分析掀開，人可能有不自知的部分是主要的「自己」，這個「自己」對當事人的影響程度是超過一般人所期待的，甚至對於人類自覺的「自己」是種攻擊。佛洛伊德在《精神分析之路的困境（A difficulty in the path of psychoanalysis, 1917）》裡，也提出了人類文明史裡，有三事件是對人類自戀的攻擊：一是，哥白尼認為地球不是原先被認定的中心，太陽才是真正的中心。二是，達爾文認為人可能由動物演化而來。三是，佛洛伊德提出，還有另一個不自知的自己，是決定心智的主要活動者。他後來在《文明及其不滿（Civilization and its Discontents, 1930）》裡，再度提及這個想法。

也就是說，自己（我）包括了另有不自知的自己。

夢才是主體，是夢做了我

對佛洛伊德來說，夢才是主體，是夢做了我，這個「我」是我們在語言裡主詞的那個我，德文是ich，英文是I，我們則說「我」。

佛洛伊德的說法跟他發展精神分析的進程有關，他起先的論述是以強調潛意識新領域的探索為主，所謂的意識、前意識和潛意識架構的成立，將原本大家習以為常認為意識可以主宰的世界，提供了另一個眼界。意識、前意識和潛意識是佛洛伊德建構的地形學或拓撲學（topography），將眼前的症狀往看不見的潛意識裡探索，尋找造成症狀的脈絡，以及心智機器運作的方式。

例如，讓潛意識的失憶內容變成意識後，是否個案的症狀就會改善呢？在發展精神分析的早期，精神分析有不

少還未經臨床重複試驗的想法，認為只要將早年被虐待事件的失憶內容，再度記憶起來後，他的症狀就會消失。但是臨床是如此嗎？以這案例來說，她一直都是重複述說她早年的創傷經驗，但是她的問題依然存在，將眼前的困難都歸因於，當年被父親虐待才會造成她目前的樣子。

也就是，她已經可以談論當年父親如何虐待她的往事了，這就表示她的記憶是存在的，既然如此，如何說明她是因為當年某些事件的失憶，而造成了後來的症狀呢？這是佛洛伊德的理論的失敗嗎？或的確她另有其它未被記憶的事情和情感，假設仍有其它潛意識的內容，需要被意識到而說出來嗎？回頭來看，這是有些樂觀地假設和作法，將被遺忘的早年故事和記憶，從潛意識裡變成意識，讓這些故事補足，然後症狀和問題就會改變了？

偏偏人的症狀不是那麼容易解決，就算將早年的記憶從潛意識變成意識，變成可以談論的故事，痊癒之路的假設仍會遇到阻礙，這是臨床的事實。佛洛伊德以「阻抗」來形容這場阻礙，但是問題來了，並不是指出當事人有阻抗，然後當事者就不會有阻抗了，常常反而變得更加阻抗。如果要繼續在前述的地形學架構裡走下去，從潛意識變成意識化的過程，就得想辦法帶來更多了解。

可以假設她所說的父親故事，仍是很侷限，不是全部的故事，但是只要她沒有再多說出一些新的故事，作為治療者也無法知道她是否還有故事沒有說出來，只是我們如何看待她所出現的這些現象呢？是什麼因子讓這種現象發

生呢？因爲這些類似現象也會出現在其他個案身上。

因此讓潛意識的內容變成意識的故事後，仍需要其它模式來解釋和深化精神分析作爲一門技藝。在這個地形學的模式裡，是誰在運作各種力量並產生症狀？或產生其它功能呢？佛洛伊德在1900年的《夢的解析》裡，說我們認爲的那個「我」是被夢做了的我，而不是我們期待的「我做夢」的那個我。

主詞是夢，佛洛伊德常以夢和症狀相對比，如果進一步想像症狀是主詞，是症狀變成了「我」，也就是「我」變成了受詞。這個假設如何呈現在個案的問題裡呢？例如，她的慮病症狀的確變成了主宰者，這位主宰者是主詞牽動著她，她反而變成只能一再地閃逃想要避開慮病症狀。但是她始終難以脫逃，只能在主宰者的陰影下度日，無時無刻擔心著自己會被沒有被發現的病所摧毀，好像她的身體變成了潛在的迫害者。

對於原本以「我」，ich或I爲主詞的人來說，佛洛伊德使用相同的語詞，但又賦予另一層意義，何以不開創全新的語詞呢？也有仍維持原來「我」這個主詞的意味吧，但佛洛伊德再於原來定義上加上另一個意義，讓「我」除了一般想像的功能，既然是被夢做了的「我」，就不再是原先的「我」的主宰者，而變成「我」是夢的成果，夢的展示品。

我、自我、自己和做自己

如果以潛意識為主詞，那麼的確是「夢做了我」，而不是意識期待的「我做了夢」。但是我們常以為是主角的我，變成了是被潛意識和夢所做出的角色，我是個受詞，不再是主詞，這對於說明人的症狀或問題有什麼助益嗎？是否只是變成貶抑人的主體性？也讓人的認同感變成了很奇怪的事。對於主體性的認同是否因此變得不可能？因為「主詞的我」變成只是「受詞的我」，是被另一個主詞和動詞所造出來的我。

前述的論述有些繁複，以前面案例來說明，當她在心理治療過程裡，逐漸變成如果自己自殺了，那就是治療者的責任，意味著是她殺了自己，但是為何在她心中卻是要治療者負責呢？她甚至覺得是治療者待她不好或不夠好，才會讓她想要傷害自己，在這個過程裡她是一直把自己放在受害者的位置，而這種位置就是前述的受詞的位置。在她心中，是治療者對她不夠好，才會讓她想自殺，是治療者害她如此，讓她處在這種心理位置，治療者變成了主詞，是迫害她的主角。

這些推論看起來是很扭曲的心態，不過卻是臨床上此類型個案常出現的投射。只是臨床上常是一種威脅，讓治療者處於被威脅的心理狀態，在這種情況下，她又變成是主詞，治療者變成被她迫害的受詞，這是同時存在的現象。到底這個主詞和受詞的她，是她的什麼部分的我呢？以潛

意識角度重新觀察人類主詞的我，和意識上我們覺得有個我存在，這兩者是相衝突，只能二選一嗎？或者那是兩件事，兩種不同層面的「我」呢？

首先，她不會覺得自己有個當主詞的「我」在凌虐治療者，這是相當難以被了解的臨床現象，如果太早說出這個推論，常是惹來個案強烈的憤怒，更加強了她覺得治療者故意在刺激，凌虐她。雖然治療者常常會覺得，被個案逼得處於加害人的位置，又要承受她的潛在威脅，而想要早點說出前述這種現象，期待個案可以自己負責。至於帶來的結果可能更反彈，或者可能會讓她稍想一下這是怎麼回事？不過，這是臨床上相當困難的事。另外，個案常常要很長時間才會知道，她有個受詞的「我」覺得被治療者不公平對待。

以精神分析發展到目前來看，我們所認為的「我」或「自我」（目前是將ego譯為「自我」），在一般人的用語習慣裡，其實是更接近英文的self這個字，這是對於有個自己存在的主觀感受，是一種整體的感受，覺得有個「自己」的存在。只是在台灣的精神分析中譯詞的歷史來看，由於ego的概念較早就被引進來台灣，那時候在精神分析的文獻裡相對較少提及self的概念，雖然self比較接近英文口語的「I」，和我們的語言裡常說的「我」（也許有人會引進哲學常論及的主體subject），以及「自我」的概念也較接近「我」。

這雖然是外國語詞翻譯的課題，回頭來看，可能中譯

得有些偏的譯詞，是完全的誤譯嗎？如果觀察個案在陳述自己的問題時，其實是交叉使用的，只是精神分析爲了從不同角度來了解和說明症狀，因此有了這些再進一步的細分。也許是我們需要藉著分析其中的不同，讓個案了解時常會遇到的困難，除了有些是痛苦而難以接受，有些在感受上是混在一起的「我」，反而是精神分析取向想要細分的，這樣一來，變得有點自找麻煩。這是個案常出現的回應，但是如果完全接受個案的說法，那又變得跟個案一樣，變得沒有出路，因此臨床又需要再細緻標示路況，才可能會有新的出路。

只是在中譯裡將ego譯爲「自我」，因此後來大部分在理解佛洛伊德的ego時，都以「自我」來理解，但是佛洛伊德所定義的ego，並非等於我們的語言裡原本習慣常用的「自我」，或「我」，或「自己」的概念。不過既已使用那麼久了，也許大家在使用時就必須要在談論「自我」時，背後有 一個括弧寫著ego，在我們要談論「做自己」的認同課題時，如果在語詞上以「自我（ego）」的方式來理解，除非不用精神分析的論述，不然就會遭遇到理解上的困境，所謂「做自己」的自己是什麼？誰才是那個自己？

自我、原我和超我的組成

從臨床經驗來說，並無法很簡化地說成將潛意識的內

容，變成意識的記憶後，個案的問題和症狀就會痊癒了。雖然大方向是如此，但臨床上並不是硬要將潛意識內容說出來就會改善症狀，這意味著雖然從潛意識內容變成意識的記憶是個主要方向，但由於療效不是如此簡化，其中還有其它因素需要再探索，因此這個地形學的模式，仍需要其它更深入的細節，來建構讓我們可以更了解人的心智世界的內容。

如果在潛意識裡，還有更細的分類參與「（不自覺的）我」在運作，那麼潛意識裡的「我」是什麼呢？這個不自覺的「我」，跟意識上我們自覺的「我」，是有所不同的我？

依佛洛伊德的理論發展歷程來看，所謂自我（ego）、原我（id）、和超我（superego），並不是一次就完整架構出來的概念，這些概念像潛意識的地圖，是所謂第二地形學。他是在臨床經驗和理論思辨裡，一步一步尋找名詞來說明，他所感受到的潛意識內容。就像在一片新大陸上，將走過的地方取個名字作為定位。

以前述案例來說，當治療者聆聽個案的經歷時，如果這些經歷就像走過人生的地圖，可以發現她對於走過的人生，尤其是挫敗的部分，幾乎都是相同的說詞，都是她的同事們待她不公平所致。這個說詞就像是她對於走到某個地方的命名，標定著那是什麼問題，至於這樣命名的結果就變成，不論她在哪一家公司工作，最後的結局都是一樣的歸因。

　　在人生地圖上，走到另一個地方，但都是以相同的地名來稱呼，她也許可以區分出不同，但是周遭人則是難以了解她的人生地圖。通常在治療者試著要指出，她在不同的地方都是遭遇相同的結局時，個案常會以比較的方式說出那些之間的種種不同，好像那是完全不同的問題。因爲個案可能潛在覺得，治療者指出這些事情間的相似性，是在責怪她沒有進步。

　　佛洛伊德的後設心理學文章裡，德文ich或英譯的ego是早就存在的行文，佛洛伊德對於「自我」的定義，隨著他用來解釋症狀的機制時所加進的內容，而讓這個詞的豐富性和重要性更加浮現。可由Laplanche & Pontalis的《精神分析辭彙（The Language of Psychoanalysis）》裡了解這詞的重要性，因爲「自我」這語詞佔有14頁（英譯版），這是相當高的比例。「自我」的概念是佛洛伊德在建構精神分析理論的歷程裡，始終存在的觀念，而且是持續在發展中。通常「自我」被賦予一些功能，例如，防衛機制的運作。

　　例如，當前述個案克制當年父親對她的虐待所帶來的影響，並尋找其它合理的理由，如父親年紀大了等，構成了她想要接父親來同住的想法，這些可歸類爲她的自我的運作結果，但是她的猶豫心情則變成洩密者，流露她其實還有其它不同的想法，例如生氣等情緒。至於她將對父親的生氣，轉嫁到治療者，變成生氣治療者待她不公，不讓她調整時間，甚至覺得治療者對別的個案比較好，這個轉嫁機制的運作也是「自我」的功能。

　　而id（德文的Es）是接近英文的it，只是英譯時為了讓Es有特殊的意味，被英譯為新造的字id。我們則有人譯為「本我」和「原我」，這個字所包含的內容是佛洛伊德在潛意識裡定義的各式欲望本能。直到1923年，佛洛伊德的論文《自我和原我（The ego and the id）》裡，原我（das Es）這詞才首次出現，他是借用自G.Groddeck，佛洛伊德把原我作為涵納以前種種概念的術語，也是人格裡本能（instinct）的成份。

　　例如，當她浮現想法要將父親接來一起住時，從現實上來看，個案根本沒有準備好，雖然個案會有她的說詞，但這些說詞通常是「自我」運作後妥協出來的答案，並不是最原始的動力來源。因為她在工作以及和其他人相處上，都是相當困難，而這些困難從旁人的角度，很容易就可以看出她的當前問題，和早年的受虐待經驗是有關連。但是她卻有一股衝動催迫著她要這麼做，這股催迫的力量也許可以再分解它的成份組成，其中有股力量或可以命名為是來自「原我」的力量，以本能的力道押著她要這麼做。

　　至於關於「超我」的概念，也是在《自我和原我》這篇論文裡才出現的術語，但是佛洛伊德在他文章裡早就有「超我」的概念，例如，在1900年《夢的解析》裡，就常常出現監督者或批評者的概念，讓最原始的本能欲望受到節制，而沒有原始地呈現出來。佛洛伊德認為良知、自我觀察和理想的形成，都是「超我」功能的結果。

　　例如，她要將父親接回家一起住，除了前述的「原我」

的衝動力道外，還有她提及母親在過世前的話，要她好好對待父親。在可能惡化她的生活處境的決定下，她仍想要這麼做的力道所顯示的，母親的話可能不是一般的說詞，而是被個案接收成一種嚴厲的指控，如果她不這麼做，她就是對不起母親。

如果這種嚴厲的指控存在著，就意味著她的「超我」也參與了運作，要她接父親一起住的動力。另外，當她這麼做時，以後和父親朝夕相處，通常帶來更多的衝突，而這些難以處理的衝突，她可能會轉嫁至治療者，苛責治療者無法幫上她的忙。這種苛責乍看是不合理且不可思議，卻是常見的現象。這種嚴厲性在理論上是來自「超我」的運作。

至於何以自我是外在環境、原我、和超我的奴隸呢？

自我是外在環境、原我和超我的奴隸？

談論這個主題，主要是為了探索當我們說要「做自己」時，這個自己是什麼？這涉及意識上認知到的自己，但是也有我們不自覺的自己，兩者共同構成人作為真正的自己。我的假設是，如果不知道這些潛意識的自己，就有可能讓「做自己」變成扭曲的場景。

例如，當個案在治療者面前提到的做自己，雖然有部分材料是針對她在父親面前要做自己，不再如童年時無法

做自己，只能蒙受父親的暴力相向。如果將她要做自己的場景，也放在她和治療者之間來看，若真要做自己，怎麼會傳遞出來，如果她自殺了，還要治療者負責呢？這時她是做自己，或是做父親？讓治療者好像變成童年的她，如當年父親打她時，都怪她沒有做好事情？

不過不可否認的是，她的確是覺得是做自己，到底這是什麼意思呢？何以她覺得是做自己，但治療者在同時間卻是覺得，她是做她童年時的父親，兩者同時出現是同一個現象的兩個面向，如同硬幣的兩面？

對佛洛伊德來說，他為了解決臨床上的難題，需要往潛意識裡定義一些術語，一如在新地方替腳下所站的地方命名，作為了解心智功能的地圖。他認為原我是精神能量的首要儲存槽，它有部分是先天遺傳，部分是後天被抑制後的產物。以發生學來說，自我和超我都是原我的分化物，但是原我和超我及自我之間常相互衝突。

也就是，在原我的需求、超我的訓令、以及現實的要求下，前述三者和自我是有從屬的關係，自我雖然是扮演中介者的角色，但它僅有相對的自主性，依照佛洛伊德建構的這三個我，大都是在潛意識裡運作的我。他的觀察是，外在環境、原我、和超我，三者都會強烈依循自身的需求而展現自身。

當她在母親因病過世後，原本的慮病傾向變得更明顯了，從另一角度來說，好像她的身體變成是虐待她的人，或者她的身體以某種強烈的吶喊方式要展現它自身，這些

現象也顯現在治療者身上，例如每次治療結束後，治療者覺得全身突然放鬆了，但是很快又浮現擔心，她如果有不測，治療者得幫她扛起她自己要負的責任？這些都是個案經過投射的強烈心理需求，呈現在治療者身體上的反應。

如同佛洛伊德所描述的，外在環境、原我和超我三者都是暴君和獨裁者，它們只是一心一意要表達自己的欲求；為了維持中介者角色，自我需要運作各式防衛機制，在這些不同層面的需求或訓令之間，找出一個妥協的結果。

這是佛洛伊德對於充當仲介者的自我所做的觀察，自我是外在環境、原我和超我的奴隸，只能疲於奔命地在三者之間尋找出路，是各方在角力後所尋找出來的出路。因此對於自我來說，它是仲介者，也是妥協者，由於佛洛伊德做出這個觀察，讓後續者找到了方向，得以仔細觀察自我是如何運用防衛機制，讓自我得以完成任務。雖然白我這個角色的存在，是一個很臨床的觀察，因人在面對外在環境、原我需求和超我的訓令時，人還是會出現某些妥協的結果，讓人可以再走下去，就算是有症狀或溫尼科特所說的「假我」出現，也是為了走下去，這個角色被佛洛伊德命名為Ich。

由於我們把Ich翻譯為「自我」，至於在台灣的命運史，「自我」這名詞將會如何在台灣落實，「自我」這詞的命運會是什麼？是否成為更有用的語詞？則尚待觀察。

心理治療技術「詮釋」或「解釋」的差異
——兼探索憂鬱症如何被談論的多樣性

前言：

最原始的疑問是，想要思索何以當社會上發生一些傷人事件時，常是聽到當事者說自己有病，或者也會聽到當事者說自己有憂鬱症。就算有可能是，為了逃避可能的責任而以有憂鬱症作為護身符，不過讓我更好奇的是，他們到底是怎麼想的？他們對於憂鬱症的認識可能是什麼？

而且當他們這麼說時，勢必多多少少是覺得社會大眾可能會接受他們的說法，這是什麼意思呢？不過，我並非採取直接詢問當事者的策略，而是透過臨床的案例，以及運用精神分析和心理治療技術裡，關於詮釋和解釋的差別，來推論大家對於憂鬱症的種種可能想法。

我假設，當相關者以憂鬱症作為理由，是對自己的行為有所解釋的意思，而且當時相關者相信，這麼說時，一般人可能接受他們的說法。這是他們對於大眾行為和心思的詮釋，並以這種詮釋版本，作為他們想要以「憂鬱症」解釋事件的原因，這也顯現了大眾，甚至相關專業者，對於憂鬱症是什麼，可能有多樣性的想像。因此本文相對地較著重，大眾談論憂鬱症時的種種可能性，而不是針對憂鬱症本身，因此跟精神醫學的觀點可能有所落差。

1.

如何談論憂鬱症，依目前的社會現實來看，是相當多樣化，這不僅發生在一般大眾，也發生在相關專業範疇裡的工作人員。本系列文章，將以古典精神分析的核心技術「詮釋」（interpretation），和心理治療裡重要工具「解釋」（explanation）的差異，再從這些差異裡進一步探索，一般談論憂鬱症的方式裡所隱含的某些現象。

一般在認知什麼是憂鬱症時，就我平常的觀察發現，的確呈現相當的多樣性，本文無意也無能作出最後結論，但是試著提出一些現象和觀點，作為思考的材料。

先從詮釋和解釋可能是什麼開始談。

英文叫做interpretation，其實這字眼被專門用到精神分析和心理治療的範疇，在語言學上是晚於日常生活使用這個語詞，例如，當後代演奏家要演奏前人的作品，如莫札特或貝多芬的作品時，我們會說那是演奏家對於前人作品的interpretation。

從這個字的用法來看，當涉及interpretation時，意味著後世的演奏者是以相當個人化風格，重新再演奏的意思。不是只照前人的錄音再重奏一次，因此使用interpretation時，是加入後來者個人獨特的情感思想和演奏技法。

但是我們很少聽到有人說，後世演奏家演奏古典曲目時，是在explanation古典曲目，雖然我們不能說完全沒有這樣的樂派，目的是想要explain古老的曲目。如果把這些說法的英文字interpretation，改成中文字，是指後代音樂家

「詮釋」古人的作品。要說後代音樂家的演奏，是在「解釋」古曲，這類型的樂派應是不太常見吧。我們從中文的字義來看，解釋和詮釋，在我們的日常生活裡也有不同的使用方式。

解釋，是更常出現在日常生活用語裡，尤其是出現某些事情時會被要求解釋到底是怎麼回事？為什麼會那麼做？因此「解釋」這個詞在生活環境裡，較有探詢為什麼的意味。也就是，為什麼會發生某件事和某些行為，而被要求有所解釋以及有所說明的意思。

我的友人曾依中文字源，來說明解釋和詮釋可能的差異。例如，如果詮釋的「詮」是言全之意，是指說出全部，那麼在某個案的問題上，我們如何說才是說出問題的全部呢？是指講出了全部的意思，這是有可能的嗎？如果我們回到一般的用法，使用「詮釋」時，是指有加進了說話者的觀點，以自己的方式重新詮釋之意。

至於論述裡，是否有談出了問題或現象的全部？或者將interpretation譯成「詮釋」並非最好的譯法？或者「詮」這個語詞，相較於「解釋」，「詮釋」這詞相對來說並不是那麼日常化，而近年來在詮釋學哲學詮釋之下，這個詞的運用，是否多多少少將英文字的interpretation，括號地放在中文「詮釋」這兩個字後頭，因此潛在地我們是以英文的字義，來使用「詮釋」這兩個中文字？

往後再來談精神分析裡，技術上做了什麼，才是所謂interpretation呢？至於「解釋」，依據友人的說文解字，在

字源上有「庖丁解牛」的意思，是很科學的經驗累積的過程，因為要「解牛」需要很熟悉牛的解剖組織。

2.

　　某些事件發生後，常有人會說那個人有憂鬱症所以做出了那件事，這種說法是什麼意思呢？這是一種解釋？或是一種詮釋呢？兩種的差別對於後續的處理帶來什麼影響？我先試著舉出例子，來想想解釋和詮釋，在我們語言脈絡裡的習慣。

　　以契訶夫的短篇小說＜安魂曲＞為例：「在維克尼札浦蓼德村的引路聖母教堂，彌撒剛結束。人們都離開他們的位子，成群地走出來。唯一還留在原地的，只有小店老闆安德烈・安德烈契，維克尼札浦蓼德村的知識份子與虔誠信徒。靠在右邊祭壇的護欄上，他在等著。他刮乾淨的肥胖的臉，帶著過去青春痘痕跡的粗糙，在此刻，表達出兩種相互矛盾的情緒：面對天意難測的謙卑，以及看著面前列隊走過的寬長袍、斑斕的圍巾，有種無邊的遲鈍的傲慢。因為是星期天，他裝束得很優雅。他穿著一件呢絨外套，黃色的骨質紐扣，藍長褲，和厚重的膠靴，那種巨大的、毫無裝飾的膠靴，那種只有積極的人、講理的人、有宗教信念的人才穿的膠靴。」（取自臉書＜風格葉子＞）

　　只看完這一段落，我們通常會有不少疑問，例如，剛剛的彌撒是為了什麼？只是例行的彌撒或是有特別的事？

例如，是否有村人過世了？但是要形成這個疑問，必須疑問的人先有一些相關的基本常識，彌撒，除了例行的活動外，也可能在人過世後，替某人舉行彌撒，像是告別式。然後，小店老闆為什麼在那裡等人，而不是在別的地方？或者他是在等什麼？如何確定他是在等人？或是要讓別人看見他呢？

當契訶夫描述小店老闆，表達出兩種相互的矛盾，契訶夫是如何知道的，從小店老闆的表情、身體、姿勢？或是他靠著那護欄的緣故，是否在那村子裡，會以那種姿勢靠著護欄的人，都是處於矛盾中的人？或是曾經在他方發生過，卻無法在這裡描述的事件，讓村人覺得小店老闆就是這種人？或者跟剛剛的彌撒有關，或只是那些青春痘長年糾纏著他，讓他處在這種矛盾裡？至於他的打扮，何以穿那種鞋子？有宗教信念的人才穿的鞋子？這是約定成俗或是一種紀律的要求？

還有更多疑問可以產生，如果我們想要維持疑問的態度，檢視現有的這些疑問，有些是屬於「為什麼」的問題，既是「為什麼」，當然就是期待可以找出理由，來「解釋」這個為什麼。

在我們的語言脈絡裡，是如此運用「解釋」這個動詞。當我們想到要解釋什麼時，我們就會動員所有資源，去尋找原因作為解釋的理由。至於那個原因是不是被接受？是不是真正的原因？倒是另一個問題了。

顯然地當我們希望找到原因時，我們會希望找到的原

因，就是眞正的答案，如果不是讓我們有那種感覺，我們會持續追問爲什麼？也可能有些原因太可怕了，我們就停止追問，以免掀出太可怕的眞正答案。

如果我們好奇的是，契訶夫形容小店老闆穿著的一些詞，如，黃藍顏色、厚重、毫無裝飾，這些語詞看起來跟積極的人、講理的人、有宗教信念的人是相連結在一起？我們也可以說，這些就是一個人是自己的理由，可以用這些穿著來「解釋」小店老闆是什麼樣的人？當我們覺得某個人是怎麼樣的人，眞的是這麼判斷嗎？是否因爲我們先熟悉他了，然後找些外緣的打扮或事件作爲說明？或者是陌生人，但憑著感覺認爲他是某種人，所以在他的外緣因素裡找出理由呢？

如果是後者，比較接近語法上使用「詮釋」，那天他如果穿著不同，也許我們會運用其它外緣的現象，來詮釋他就是這樣的人。另一位讓人有不同印象的人，穿著相同打扮，我們不會給予相同的說法，可能會說他的打扮看起來和他並不搭配。如果我們堅持，那些衣服一定是某些特質的人才會穿的。

3.

本文續舉出另一個生活事件爲例，來談談「解釋」和「詮釋」，在日常生活情境上被運用的現象，作爲了解我們運用這兩個動詞時的潛在想法，將如何影響我們對於憂

鬱症的多重觀點。

「被新竹市文化局保留的忠貞新村內寡婦樓四面圍牆，疑因連續假日，遭人連夜拆除牆面，文化局文資科官員獲報後，趕到現場，只發現一堆土牆殘骸，文化界人士痛批市府的不作為，讓有心人士趁機推倒具歷史價值的牆面，是始作俑者，文化局官員強調已報警，會請警方協助調閱監視器，查出到底是誰下的毒手。

新竹市忠貞新村知名遺跡「寡婦樓」，已通過審議將進行文化保留，去年4月才發生因未公告築圍籬，讓不知情眷戶為申領「自拆獎勵金」，請怪手把寡婦樓外圍的紅磚牆挖破大洞，沒想到寡婦樓今天再度被夷為平地，將具歷史價值的牆面全部推倒拆除，文化界人士痛批文化局保存文化態度消極，不尊重歷史。」（「自由時報」2015.4.6報導。）

到底誰是元兇？這是大家很想知道的答案，可以找出某個人，問他為什麼找來怪手做了這件事，例如後來查到了某人，為了領取補償金而雇人來拆除。這就找到了理由來解釋這建築被偷偷拆掉的原因了嗎？有些人也許就相信了，因此所有理由就停在這人身上，那人也提出理由來解釋何以要偷拆這些建築，然後就是最終的答案了？

這是解釋事件的動力，驅使大家尋求原因，但是解釋的侷限性馬上就顯現出來了。有人覺得理由足夠了，但有些文史工作者不滿意。為何一個事件的解釋緣由，竟然有不同立場呢？重點在於那位雇人者的理由？

會不會浮現不同的疑問？例如，何以趁清明節假期呢？如果原本理由很充份，何以讓人有偷偷做的感覺？或者沒有偷偷做，只因那天才請得到工人？但何以其他人覺是偷偷做的呢？是什麼緣由讓這些人這麼疑問呢？因為在前一年的四月，就曾有人以目前相同理由，雇工人拆除了這些建築的一小部分，但當時被及時禁止了。這是大家覺得這次是偷偷拆除的理由？不過，這些猜測會持續下去的動力是什麼呢？

因為另有居民覺得那裡是前人的傷心地，何必硬留下來？破破爛爛的地方，何必留下來？是日本人留下來的建築，何以一定要留下來？如果這些足以當理由，來解釋要拆除那些老房子，事情就這樣結束了，但還是有人在追究，理由是這些建築被文化局審議為需要以文化為名而保留下來。但是何以需要把令人傷心，不堪回首的地方，加以保留呢？是為了什麼？只為了可以吸引人來參觀，可以有收入？也許，但是目前的想法又不只如此……

這是另一個大命題，人何以需要留下一些歷史，包括文字和具體物品，是為了什麼？懷舊，何以需要懷舊呢？如果繼續問下去，我覺得就涉及心理學的理由，是某種心理學構成了動力，讓人們想要保留以前的某種記憶，而且把這些流傳下去？

這些層層的理由，都是在解釋，人何以如是做？何以這棟樓被偷拆掉？然而問到最深層的心理緣由，那就是最終的答案？是所謂解釋的最終盡頭了嗎？到了這裡就會有

很大的分野出現，如果有個最終的心理深層緣由，何以是
最終的？那意味著我們就可以解釋這件事的發生？所有人
都接受這個理由？顯然的，不是如此，甚至就算是接受，
就一定要留下那些記憶嗎？不少來治療的個案，常要求要
把某些記憶拿掉，覺得古早事情的記憶干擾他們的生活。

有另一個更概括的假設觀點存在某處，讓人在面對乍
聽是明確的理由時，仍會做出相反的動作，保留或拆除？
時時刻刻在變動中相互拉扯，這種概括性的觀點，在日常
語言裡屬於詮釋嗎？或者是我們以某種概括性的真實來詮
釋整體記憶？

例如，找到一切理由來解釋何以發生某件事，但我們
卻覺得這事件的發生，另有其它更概括性的緣由。例如，
人是否需要記憶而活？記得傷心事，是為了什麼？或者我
們為什麼詮釋那是傷心事呢？是否如此，才會找理由來解
釋何以傷心，但是隔一陣子卻不再傷心了呢？

如果再簡述如下：新竹市建新路日本海軍第六燃料廠，
遺存建築群1號建物（寡婦樓），學者也認為這是台灣少數
僅存，見證二次世界大戰的戰爭遺址，被國防部和新竹市
政府劃為「眷村文化園區」，是俗稱「寡婦樓」的忠貞新
村。

這個陳述除了利益外，如果這個時間記憶具有影響，
意味著什麼呢？這涉及如何「詮釋」這些建築歷史記憶和
人的心理……

4.

　以臨床案例進一步說明，解釋和詮釋，在心理學日常
用法裡的差異。

臨床案例片段：

（需要回到以英文的explanation和interpretation，來談論本
文的案例，也就是說，有英文附註在中文之後。例如，
「解釋(explanation)」、「詮釋(interpretation)」）。

　女性中年個案。自述在青春期女兒逐漸出現叛逆行為
後，個案開始出現不安、恐慌、憂鬱等症狀。因此被轉介
心理治療，個案長期在精神科門診就診，診斷是憂鬱症和
恐慌症。多年來，不規律就診，狀況好些就自行減停藥物。
在她國中時，曾有次想跳樓自殺，被人發現而阻擋下來。
多來年，仍偶有自殺意念，但自述不曾再出現自殺行為。
開始心理治療後，個案對於比她年輕的女治療者，流露不
信任的想法，但都是很間接表示。例如，如果治療者的女
兒不在青春期，治療者能了解她？對於女兒的反抗行為，
她流露無力感，也會有輕生念頭。但是個案對於輕生的念
頭，說得很曖昧，好像可能但她應不會真的去做。個案在
青春期曾要跳樓的陰影，反而更明顯烙印在治療者心中，
直到第三次會談，女治療者告訴個案，如果她真的想自殺，
那麼心理治療無法在這種被威脅的情況下持續進行。治療
者表示，心理治療是要好好處理她目前的心理困境，如果

她仍持續威脅要自殺，治療者會將她轉回給原就診的精神科醫師。治療者這麼說後，自己也嚇一跳，訝異自己怎麼會這麼說？顯然壓力是太大了，她如是提醒自己，好好消化這些壓力，而個案也嚇一跳，沒預料治療者會如此威脅她。但個案表示，不會真的去做，如果真的想自殺，她會自己去急診處理。治療者才放下心中大石，雖然後來的心理治療，個案尚可規律來到，但是每次一定都遲到十分鐘左右，治療者曾多次詮釋，個案不想有太多時間，好好處理內心的受苦？個案不曾直接回應，但是她在某次心理治療裡，談到以前如何被自己的母親不當對待的往事。治療者突然浮現的想法，其實她沒有詮釋的是，個案遲到是在反抗治療者，治療者先前威脅她不能自殺的事⋯⋯

有太多想法可以談論這案例片段了，為了將焦點集中在本文要談的詮釋和解釋，我先寫些常見的想像和作法，下一回再從精神分析角度來談論。

如果我們想要了解，個案目前和以前到底是怎麼回事，以前何以需要服藥，以及何以此時又有變化，進而讓精神科醫師覺得同時需要心理治療呢？想要回答這些問題，就會涉及我們會想要找出某些原因，來explain（解釋）為什麼會這樣子？也就是，這些原因被主張會導致她目前的問題，因此找理由explanation（解釋）意味著要找出「因果關係」，而且最好是「直線性因果關係」的「因」和「果」。那麼，就可以很快針對「因」直接處理，另一種「果」自然就會出現。

　　以這案例來說，哪些情況或症狀會被當作是「因」，用來解釋目前她受苦於青春期女兒的反抗行為呢？最簡單的線性邏輯是假設，讓個案了解青春期小孩必然會出現反抗行為，期待個案可以逐漸接受這種必然性。如果這麼做的背後假設是，我們已經找到理由，可以用來解釋個案目前不舒服的真正原因了。那就是說，關於女兒的反抗行為，我們想進一步了解，這只是一般尋常的反應，或是和個案長期互動的結果？如果是長期互動的結果，何以目前個案會變得更難接受和處理呢？

　　另一條線索是，假設個案的疾病在目前是變得不好，例如，她的憂鬱症、恐慌症更加頻繁發作，但這症狀的發作是先前問題的結果？還是原因？而導致個案難以處理女兒的問題呢？還有更多的可能性，如果只是針對「因」和「果」在尋找原因，是意圖在已知的故事裡獲得原因，用來解釋目前的結果。這種思考的困境是，如何看待一些長久以來的問題，例如，個案何以長久處於憂鬱狀態？除了生物學的因素外，是否另有其它問題，這些原因是否也是目前困境的原因呢？

　　進一步的疑問，何以是女兒的問題為主訴呢？是否另有其它更嚴重的問題，潛伏在這問題底下？也就是，女兒的問題只是一隻黑羊，被潛意識地當作問題所在，而真正的問題是持續存在的其它問題？例如，個案在治療裡常浮現想自殺的現象，是否是重要的原因呢？如果改換成這個思索，就意味著問題會從女兒的問題，轉向個案本人了，

個案會接受嗎？或只是加深個案對於治療者的不信任感？

　　還有很多細節值得思考，如果回到更大的命題，前述的尋找原因來解釋問題成因的過程裡，會出現另一個大疑問是，真正的核心原因是什麼？誰能決定是生物學因素，或心理學因素？以及就算知道了假設的原因後，是否會因為知道了原因，也就是，所謂有了病識感後，問題就可以解決？

5.

　　延續上一回的案例片段，如果不再只是從個案提供的故事情節裡，尋求原因找explanation（解釋）的理由為目標，而是回頭來看，從個案在心理治療過程裡，所出現的一些細節來推論，除了直接陳述出來的故事外，是否另有其它因素隱而不顯，卻可能出現在和他人互動的細節，不易被察覺卻是重要的因素？如果確定這些微小因素，是目前大問題的原因呢？這不是那麼容易被接受，不過我先試試……

　　當女治療者對個案說出一些略帶威脅的話後，連治療者也被嚇一跳的舉動之前，勢必治療者的感受裡，已經累積了一些對於個案的印象。例如，覺得個案在威脅她，要治療者幫她負責生命後果，但要不要行動化，只存在她的某瞬間想法，但是社會氛圍可能傾向同情她，會覺得治療者沒有盡到責任。

　　治療者在這些壓力下，說出了治療的協定，要個案不

能自殺的事，但在治療脈絡裡是有些突兀的規定，只有在這個規定下，才能進行心理治療。不是這項規定對或不對，的確在一般情況下，如果一直處被威脅的狀態下，治療雙方是不可能好好思索，心理是怎麼回事？因為這是處於一方是虐待，一方是被虐待的狀態。

在這種虐待和被虐的狀態下，治療者覺畏懼或綁手綁腳，覺得想要丟開個案，但又覺得應該好好幫助個案，但是個案的潛在威脅，如此明目張膽在治療者眼前晃來晃去。逼得潛意識不得不作那聲明，作為自我保護，在臨床上，個案可能因此了解了界限，哪些是自己要負責的事。但是並非所有個案都會如此接受，而可能讓關係更陷在糾纏裡。不過，以這個案來說，當治療者在心中累積出來，對個案的某種感受，那是什麼呢？

當治療者不自覺或自覺地，依照這種感受去實踐，例如，說出那些威脅個案不得自殺的話，我們如何描述這些感受呢？通常是由互動過程裡，很多細節所累積而浮現的，通常當事者是不自覺的，但是心中卻頗受干擾，甚至因而有所行動。我換另一個角度來描述這現象，如果說這些感受的形成，是和個案的互動過程裡，個案不自覺投射某些感受和經驗，而治療者不自覺接受了下來。

這個過程在治療者心中形成了一首曲目，由個案指揮，而治療者在心中不自覺地跟著指揮在行動。或者更進一步假設，治療者心中已不自覺地存下了檔案，個案將會如何表現的曲目，治療者不自覺地依著這曲目在演奏，像後代

音樂家演奏上一代音樂家的曲目呢？我們會如何形容這種演奏呢？是後代演奏家以他們獨特的方式，再interpret前一作曲家的曲目。

我由此再推論，治療者做出帶著威脅的方式，要個案停止以自殺來威脅治療者時，其實治療者是對於個案的行為整體有某種interpretation（詮釋）了，一如個案依自己的旋律和曲目在說話和行動，而治療者以自己的方式詮釋了個案的整體。這個說法好像替治療者何以說那些話，找到了explanation（解釋）的理由了。這個例子的說明是想讓讀者區分，interpretation（詮釋）和explanation（解釋）的差異性。

硬在有限的故事裡，找出理由作為答案，個案通常很困難在治療早期就說出他們最痛苦的感受，雖然可以說出不少聽起來令人傷感的事件，作為我們可以找得到的原因。因此以explanation（解釋）作為處理和面對心理困擾時，會遭遇這種困境，以為找到原因了，卻依然無法馬上做出重大的改變。但是interpretation（詮釋）為導向的觀察也會有困境，例如，治療者對個案的整體感受，可能是治療者本人的投射，也許有部分來自個案，但可能混雜了治療者的感受。不過，這是人和人互動的實情，不論是採取何種治療形式，都會面臨這個問題，不必然是精神分析取向才會面臨的困難。

既然如此，精神分析的主要技術，何以仍維持著以

interpretation（詮釋）為主？尤其是針對移情的interpretation（詮釋）為主呢？而不是以尋求答案來explain生命故事為主？我們作為人，活著是一直在explain（解釋）自己，為什麼做這做那？或者，是一直interpret（詮釋）自己的多樣性呢？

如果explanation（解釋）是在尋找理由找出緣由，而interpretation（詮釋）是有創意地重新看待以前的事，除了個人的主觀選擇外，其實，在人和人的互動裡，和心理治療的互動裡，這兩種現象都存在每一個動作裡，不論我們是否自覺。

6.

再回顧一下前五段的論點。如果我們理解「解釋」是英文explanation，而「詮釋」是interpretation的前提下，解釋是意指著尋找原因，來解釋目前的結果，具有直接因果邏輯關係的工作。如果因果關係是線性關係，例如，甲因是乙果的直接原因，至於從甲因到乙果的中間，會經過那些因素，就看這些中間的因素，是否足以左右影響甲因，讓甲因不會走成乙果，或者走成不太一樣的乙果。

另一種可能性，從甲因走到乙果，像一團（或幾團）線捲那般纏繞著，很難看出甲因在那裡，這種因果關係不易看見甲因藏在何處，這是比較複雜的因果關係。

不過，這種假設的基礎都是事後回頭後，才有機會看出這些潛在的因果關係。科學的觀察可以讓我們做出推論，

如果有某些甲因，我們就要注意了，以免走成乙果，如果
那是大家不希望的結果。

至於「詮釋」，在本質上具有的特色，不在於因果的
解釋，而是以後來者的觀點，再重看原來曾經發生的事件。
例如，演奏舊曲目，或重新看歷史曾發生的某事件，「詮
釋」有創意、新意重新看同一件事，或可以說成是具有藝
術創造的意涵，而不全是科學式的找到因果解釋。

談論這些涉及定義的說法，不必然所有識者都會全然
同意，不過這是一個引子。

佛洛伊德從神經科學家，後來變成精神分析的始祖。
在他的論文發展過程，也可以看見解釋和詮釋的影子，對
於症狀是什麼的雙重意圖。例如，他在早期的文章＜科學
心理學的計劃（Project for a scientific psychology(1895)）＞
裡，基本是傾向傳統科學式的意圖，尋找可以直接解釋症
狀的病因。他那個時代正盛行神經元的繪圖，對這些新發
現感興奮的年代，意圖藉由神經元細胞的重大發現，了解
一些神經學症狀的病因。

後來當他把焦點放在歇斯底里症時，隨著對這些個案
的深入觀察和推論，為了尋找解釋而漸有了更多想法。例
如，歇斯底里症所出現的一些症狀，看來像是神經學的症
狀，如一隻手突然麻痺，經過整體的神經學檢查，卻發現
那些神經學症狀，不符神經學的分佈等等現象。

也就是，無法用當代的神經學知識，來解釋病因，那
時候的神經學知識不如現代，不過在當今的臨床裡仍有類

似無法解釋的現象，可以再假設當代神經學仍有所不足，這就涉及了一個重要的分野出現了。

持續假設是神經學知識的不足，或是生物基因學的不足，而往這條路上一直走下去，這是目前流行的主流道路。當時佛洛伊德，造訪了當代的神經學大師沙考（Charcot）後，並逐漸發展出自己對於症狀的心理學思索，這是精神分析開始的出路，可以說是當時歇斯底里症狀的另類思考。也就是說，佛洛伊德以更多的猜測，來推想那些不自覺的領域，並嘗試描述臨床所見的現象。

佛洛伊德當代的症狀，至今是否仍存在呢？我個人的論點和臨床觀察是仍然存在，只是被DSM診斷條例，人為地切割而將原本的症狀群，分成不同的名稱。目的是要科學地探究精神官能症的成因，卻先讓這些原本相互牽連的症狀，變得互不相識的不同診斷，因此和古典精神分析的後設心理學脫勾了。對我來說，這是很可惜的事。我也深有同感樊雪梅的說法：「是一百多年前的事了，心理學已經走了一百年，要在心裡架構佛洛伊德發展其理論的時代背景，追尋他當年的思維確實不是件容易的事，但是一旦學會讓心停留在一百年前，就無法不被佛洛伊德所建構的理論震懾。寫於一百多年前的潛意識理論今日讀來仍是如此貼近心智運作的真相。」（佛洛伊德也會說錯話：精神分析英倫隨筆，頁113，2013，心靈工坊出版。）

例如，曾有人說歇斯底里症已經消失不見，變成邊緣型人格的時代了。不過，一些精神分析家回頭看佛洛伊德

當年的文字記錄，發現在當時著名的案例，以目前的診斷概念來說，如＜朵拉＞或＜狼人＞都是合併有邊緣型人格的現象，只是當時佛洛伊德特別著重精神官能症的症狀。

佛洛伊德終其一生，對於自己所發現或猜測的期待和說明，仍是處在解釋和詮釋兩者之間，依不同程度的比例出現在文章裡。甚至到了晚年，他忍受癌症的苦痛，寫出論文＜分析裡的建構＞（Construction in Analysis, 1937），這文章仍透露了佛洛伊德的科學野心，只是有所擴展，他意圖藉由從成人個案的精神分析過程，累積出一些知識，讓精神分析能夠建構兒童生命早期的心理學史。

有兩個現象值得注意，一是，從成人個案回推兒童心理學史；二是，建構兒童心理學史，而不是發現兒童心理學史。建構有事後再重構的意味，不是純粹的所謂發現，好像有一個東西在那裡等著被發現，對於兒童的心理學是什麼也是重要的起點。其實是猜測，還是重要的基礎，雖然大家為了怕被認為不夠科學，而不太敢說是猜測，尤其是深度心理學的領域，硬把猜測說成是科學，也是有些勉強了。

7.

如前所述不論自覺或不自覺地，對於「詮釋」或「解釋」這兩個動詞的動作，對於我們在談論憂鬱症是什麼，或是某些人的行為，例如，2015.03.24日「德國之翼」空難事件，起初被解讀（解釋或詮釋）為副機長的憂鬱症所致

的結果。

這種說法裡好像有因、有果，「因」是副機長的憂鬱症，「果」是刻意操作飛機下墜成空難。起初，這樣的說法有很大的說服力，後來有人抗議這種說法污名化了憂鬱症，以及有些人提出質疑，該副機長操作飛機的方式被解讀（解釋或詮釋？）成憂鬱症患者的自殺行為。

因此，副機長有憂鬱症的自殺行為，導致他操作飛機成空難，這樣子有因有果，都有一些證據支持每個現象，但是仍有人提出疑問，殺人式的自毀行為，跟憂鬱症有關嗎？或者它們之間是什麼關係呢？

還有更多的疑問。但我試著將焦點放在，當「解釋」和「詮釋」潛在被混用時，談論德國之翼空難事件的緣由，以及對於憂鬱症的解讀等等現象，呈現了一般人是如何談論憂鬱症？

在台灣，以前大家少談或不敢表達自己的鬱卒，到現在，憂鬱症的新聞滿天飛，以及填量表自評憂鬱症的情況相比，憂鬱症這個詞變成流行話語，其中所引發的社會或政治現象，值得醫學史家好好研究，我只嘗試著從一些表象裡推論一些想法。

目前常常被論及的精神科症狀裡，佛洛伊德從《夢的解析》（1900年）起，他人都集中在歐斯底里症、強迫症或畏懼症為主要焦點，直到《哀悼和憂鬱》（Mourning and Melancholia, 1917）一文提出的論點，才嘗試說明憂鬱症狀的深度心理。

　　這開啓了另一個精神分析史或精神症狀史的課題，在《哀悼和憂鬱》裡，比對重要親人過世後的兩種現象，一些人自然度過了哀悼的過程，有些人則在重要親人死亡後，內心裡的某些部分已經隨著重要親人的失去而消失了。因而覺得自己好像不見了，佛洛伊德稱這爲melancholia，其實，melancholia等於目前定義的憂鬱或憂鬱症嗎？

　　涉及了什麼是憂鬱？什麼是憂鬱症？在專業領域裡，也是變動中的定義，如果比對佛洛伊德在《哀悼和憂鬱》裡描述的症狀，和當代DSM的憂鬱症症狀條目，在佛洛伊德的論文裡，除了描述症狀本身外，也提出了精神分析的後設心理學觀點，說明症狀出現的心理學緣由。

　　姑不論當代者是否完全接受精神分析，佛洛伊德在這文獻裡提出了心理病因學，以目前的經驗來看，當然不是那麼單純的「因」（重要親人的過世），導致後來的憂鬱結果。不必然只是這個「因」，是另有其它先前的人格或家人的互動等因素，才是更重要的前因。但是問題來了，這個人格的前因，是否又另有其它心理發展學的前因呢？只要這理論成立，就讓「因」這個要素難以單純化爲線性因果關係。

　　例如，以下是某種觀點，「官能性性格結構的人有時也會變得異常失去功能，但是和邊緣性和自戀性的模式不太相同。他們不會將世界分裂成好與壞、理想和貶抑，他們可以同時經驗到好與壞的情緒，但有些感覺被留在無意識裡。他們潛抑不要的感情，只在夢中、說溜嘴時或在症

狀上顯現，而不是在沒有任何不想要的情緒同時顯現的狀況下，將它們分裂並投射出來。」（《人我之間：客體關係理論與實務》 Self and Others: Object Relations Theory in Practice ，作者：N. G. Hamilton ，譯者：楊添圍、周仁宇。頁219，2013，心靈工坊出版。）

另外，找到了某緣由來解釋結果，是否當事者的感受就會跟著改變？一般常見的情況並不必然如此，但是感受未改變，當事者的情緒也難以改變，也就是說，當事者雖找到了可能的緣由來解釋結果（有可能不是真正最根底的「因」），但是當事者並未改變對於那事件的整體詮釋，因此整體的感受和情緒，並未隨著已知其它原因而改變。

臨床上更常見的是，個案能夠接受的心理致病原因，常常並非是最受苦（或更接近真實）的原因，因為最受苦的經驗常被阻隔，因而處於難以思考和感受的領域。因此就算個案會說出一些故事，好像那些故事裡的創傷是目前憂鬱的病因。但是真正受苦的感受因為難以觸及，讓何者為「因」變得難以確定，成了了解真正問題的困境。

8.

2015年當德國之翼空難事件發生後，起初不少人最好奇的疑問是，什麼原因造成這個結果（想要尋找原因來解釋）？就潛意識心理學來說，雖然某個事件的發生，通常是事出多因，就算表面上有一個明顯的因，通常那個因的背後，另有環環相扣的緣由，跟這個表面浮現出來的因有

所關連。

　　從精神分析的角度來看症狀的浮現，是內在心理世界裡複雜因素妥協的結果，只是在潛意識裡，形成症狀所依循的是享樂原則，並非是一般人想像的，依循現實原則的綜合而讓某些症狀浮現。

　　以這個說法來比對想像，當我們談論這場空難的結果，如同症狀的出現，是心理桌面底下眾多因素的妥協結果，但是對於這種人命關天的事，就像醫療上的手術流程，自然會在桌面上需要依現實原則，架構出來的一些清楚的程序。這些現實原則是依現有已知的科學知識為基礎，但是最後結果的成敗，除了桌面上的技術和嚴謹流程外，桌面下是否還有難以掌握，無法了解的因素呢？

　　我試著以手術台桌面上和下的比喻，來談憂鬱症被當作是問題的起源，並以診斷條例DSM的憂鬱症的說法，來談談「解釋」和「詮釋」的不同所引發的思索。我們需要思索這些問題，是起源於可能被刻意或無意中釋放出來的訊息，大家就開始診斷那副機長有憂鬱症，因此以自殺方式操縱了飛機，造成了這場空難悲劇。但是這麼明確有因有果的陳述裡，出現了什麼問題呢？這問題如何影響著我們對於憂鬱症的外顯和潛在的想法呢？

　　DSM為了研究的目的，對於某些症狀集結成某種組合，是假設為了可以找到一群人符合診斷條例，假設可以藉著研究這群人，看能否找出相關的生物學或基因學的標誌。這個明確的方向下，對於症狀的描述和相關條目裡，

時間因素的明文化（例如，症狀要持續多久才能確立該診斷。）是爲了可以集結出一群同質性更高的群體，以便後續相關研究。但是這個目標的結果，在未來如果確實運用，可能造成的是愈來愈多在臨床上的非典型個案，要如何塞進不夠完美的診斷條例裡？（這說法當然有誇張成份，但是倒值得思考。）

目前要有明確的生物基因學的因果論述，在嚴謹科學上仍還有距離，這種距離在一般的說法上，會造成一種奇特現象，例如，當我們說個案有憂鬱症時，症狀條例裡有自殺意念，這些條目讓憂鬱症變成包容頗大範圍的症狀群，尤其是有不少部分得依靠個案主觀的報告，因此很多行爲及症狀和憂鬱症包在一起時，就會出現如前所述的現象。

這些現象包括了生活上很多事情出了差錯，很快可以歸因於是當事人有了憂鬱症。這種現象和說法反映在這空難後的早期反應裡，好像以某人的憂鬱症就可以解釋空難的原因。雖然有專家會謹慎，但是整體氛圍上很快出現這種現象。這涉及本系列文章要討論的是，當憂鬱症被拿來作爲解釋某些問題的原因時，就意味著憂鬱症這個診斷，可以解釋當事者的所有行爲，但是實情如此嗎？

一如我先前提過的，有病患跳出來抗議被污名化了，有了憂鬱症就這麼可怕？雖然先前有專業人員呼籲憂鬱症者要勇敢出來治療，目的是善意，但是在這個解釋之因果的邏輯下，憂鬱症就被包含在具有破壞力的自殺和殺人的可能性。在被診斷爲憂鬱症者身上，這不全然合乎實情，

除非再把憂鬱症的診斷條例再修得更嚴格，在這種情形下，出現的問題沒有理由用精神科的某個診斷，來解釋某個瞬間、某個當事人、某項待殊或一般行為。

以DSM診斷條例的意圖來說，勢必得愈來愈窄化症狀群，才容易找到愈同質的個案群，以便進一步做研究時比較可能找出致病因。目前的難題是，如果常是以某個診斷，就要來解釋一些行為，雖然某些行為，如自殺，也是在診斷條例裡，但是自殺的因素只有因憂鬱症嗎？這涉及定義的問題了。

而且德國之翼的空難，若真如報導，是殺人式的自殺，跟憂鬱症有關係嗎？雖然說有自殺的成份在裡頭，而自殺被當作是憂鬱症裡的重要症狀。在事件後幾天，英國皇家學院精神醫學會理事長Simon Wessely也出來呼籲，不要污名化憂鬱症，他認為如果德國之翼空難是殺人式的自殺，跟憂鬱症是兩件事，也就是依他的見解，無法使用憂鬱症來「解釋」那次空難的成因。

原本呼籲，為了不要傷害自己要勇於站出來治療的憂鬱症患者，反而被污名化了。起初的善意好像坐實憂鬱症等於這次空難的成因。這跟歷史上一些重要政治人物的槍擊案，常很快被歸類為精神病個案的現象類似了。

9.

如前述一般人都期待，很快可以有一個最明顯直接的

「因」，用來解釋令人震驚的案件。這些推論背後存在一個重要心理因素，就是期待簡化式的因果解釋模式，來了解令人震驚的案件，好像這樣子大家就可以知道，如何避開這種事件的發生，以免讓每個人都陷在隨時的不安和恐懼裡。

這涉及對潛在心理學知識獲得的矛盾，例如：「克萊恩及其學派的臨床學者們，持續思考並擴展佛洛伊德所引進的伊底帕斯情結，認為它與個體接受父母為配偶關係有關。克萊恩學派的追隨者，比昂（Bion）甚至將之與『學習』以及『知識之獲得』作聯結。他認為伊底帕斯好奇與妒忌，使小孩因為想要介入父母的關係，而感到極度焦慮。這焦慮使小孩，由於害怕知道真相，而無法尋求真知識。」這說法也許不是所有人都能接受，不過是個值得思索的假設。（《伊底帕斯情結新解——臨床實例》 The Oedipus Complex Today： Clinical Implications，作者 Ronald Britton, Michael Feldman, Edna O'Shaughnessy ，譯者：林玉華，頁04，2003，五南圖書出版。）

回到憂鬱症來說。如果以下的憂鬱症，限縮在以DSM所診斷出來的憂鬱症時，接下來的藥物治療（畢竟，診斷條例的修正，最重要的潛在意圖是捕捉出一組，可以找到有生物基因學的基礎，期待有明確藥物方針的個案群。心理治療常是附帶的，例如以下常聽到的說法，憂鬱症的治療，藥物加上心理治療效果會更好…），變成了這個診斷條例下，做出診斷後，能夠明晰提供最直接解決憂鬱症的

方式。臨床上，的確也解決不少憂鬱症個案的問題，但是仍有不少問題值得再思索，來增加我們對於憂鬱症的了解和想像。

在精神分析的歷史脈絡裡，如佛洛伊德在＜哀悼和憂鬱＞這篇重要論文裡，對憂鬱現象的深度心理學，建構了一套後設心理學，任何現象的後設心理學都有主觀臆測的成份，這跟精神分析所探究的憂鬱現象本身，就是指向了解當事者主觀的心理經驗有關。

但是DSM與這個歷史是切割的，讓我們臨床上對於主觀經驗的探索變得很零散，因為對於某些嚴重的憂鬱症，以藥物為主線，在目前是容易被接受的作法，但是一般臨床業務上除了藥物，我們作為精神科醫師，通常還是會主動或被動地建議個案在居家要做什麼？或不做什麼？這些明明是很心理學傾向的建議，它們所依據的是有理論的探索而來？是個人生活經驗的常識？或雖是常識卻可能是值得疑問的常識？

這些說法需要相當細緻地區分，不是對或不對的問題，我僅是提出一些概略式的說法，不是要推翻現有的臨床經驗，是想探索在「解釋」和「詮釋」這兩種不同概念和作法裡，我們面對這些問題時，可能呈現的不同是什麼？

若是針對「解釋」，在目前精神科診斷都還有爭議和不斷修改的前提，以及特定的生物和心理因素仍待摸索的情況下，離我們自覺的嚴格科學標準仍有距離。當我們以某個診斷名稱解釋某項特定行為時，就可能呈現出科學上

所面臨的不足。

　　至於「詮釋」，在簡化式因果論的解釋模式裡插不上口，但是我們回頭來看一些人的反應，例如，當空難事件發生後，很快的，還在震驚和疑問之下，何以大家會很快接受了，這是憂鬱症的結果呢？這個傾向接受的現象本身是否即隱含著，某種對於這些事件的詮釋？

　　這意味著這是壞人做的害人舉動，而會做這種事的壞人是病人？因此當事者有憂鬱症的說法，被丟出片段訊息後，很快就被（外國）媒體炒作。這只是一個假設：對於事件背後的詮釋，以隱而不顯的方式存在，卻是催促的真實力量？

　　我再以另個方式來表達這個假設。我們可以試著解釋，憂鬱症裡某些症狀的成因，從生理和心理的角度，另外，我們可能像在詮釋一首詩或一幅現代畫，表達對於這首詩或現代畫的某些感覺、想法或聯想？有人也許想要試著解釋，何以詩會那樣表達的前因後果？透過什麼機制達成了詩的效果？從這些日常用語的描述，我是試著重複說明，當我們對於一首詩或現代畫，做出某些解釋或詮釋時，是不同的兩件事。

　　藉由前述的說明，我們再回頭來看，當事件發生後，何以很自然地以憂鬱症的方向，來解釋事件發生的成因？這種解釋的背後隱含著什麼詮釋呢？我指的是對於憂鬱症的想像、感受及聯想是什麼呢？這是我們需要重複問的問題，何以大家會傾向這麼快地接受，憂鬱症可以作為解釋

那次空難事件的成因呢？是否一般大眾對於憂鬱症，有一個成形但不是百分百自覺的詮釋在心中？因此傾向在片段的訊息下，即接受了這個解釋。

這種情形就像我們對某個人已有某種整體觀感，或者說是對某人有潛在的詮釋了，因此只要有事件發生，我們很快會以他可能是某問題的成因，來解釋某事件的成因，而忽略了要作為解釋的成因時，需要更多更確定的證據。只是我們對於某些事件的潛在詮釋，不自覺地影響我們認定什麼是證據，或忽略了某些證據，造成大家對於憂鬱症的多樣觀點……

10.

除了前面章節裡提及的，對於憂鬱症的「解釋」和「詮釋」的共存且相互混淆，本章將再進一步針對這個現象來討論，當大家將當事者的憂鬱症，當作空難的成因時，背後呈現了另一種可能性，意味著當有個具體的人，有了憂鬱症作為成因後，好像對於空難的不可預測性的壓力，自然就降低了。

甚至，由此而假設，只要再針對飛行員的精神疾病，做出更明確的工作限制，就可以降低不可預測性，基於這些想像和推論而帶來的預防措施，不能說不重要，甚至常常是很重要的方式，避免已知問題重複的處理邏輯就是如此，但是既然如此何以需要再討論呢？

以德國之翼的空難事件來說，當副機長的憂鬱症被解

釋為成因，後來有不少精神醫學專家出來表達不同意見、疑問，當我們理所當然的將憂鬱症作為歸因和後續處理，是否可能反而帶來更多的隱藏？讓原本想要可以監控的目的，反而變得更困難，更容易造成問題？這個論述的背後，仍是假設憂鬱症可以完全解釋這事件的成因，只是需要思考如何讓當事人不會隱瞞？

是否以憂鬱症來解釋這事件，就是一個錯誤的方向呢？是否另有其它因素呢？例如，人格傾向或其它社會經濟因素呢？

另外，就像臨床上常見的，憂鬱症個案就算他們被確診，或者他們依一些簡單問卷自填後，自認分數落在憂鬱症的範疇裡，但是對於憂鬱症可以解釋他們日常生活的種種，在不同個案之間也會有所差異。何者會被歸因於憂鬱症的結果？例如，是否隱瞞自己有否憂鬱症？這是憂鬱症的一部分？或是其它的問題？若是其它問題，那是什麼問題呢？畢竟這被當作很重要的事。

也就是說，覺不覺得是憂鬱症是一件事（不論是被精神科專科醫師正式診斷或只依自填量表），會不會用憂鬱症來解釋面臨的問題，又是另一件事。

或者只是當事者的個人感受和認定，因此就細節來說，某些行為被當作像一首演奏的曲目，憂鬱症在心理上被當作是某種特色的演奏方式，並以這種演奏方式來詮釋那些行為，後續再出現某些更細節的想像和主張，來解釋何以會將那些行為當作憂鬱症來詮釋，而成為有特色的表達方

式呢？雖然這種說法是有些拗口，不過卻是常見的現象，社會上常見巧妙地混合詮釋和解釋，而讓某種精神科診斷成為某些複雜問題的簡單說明方式。

這種方式下的作為，好像憂鬱症是一種流行的風格，不是否定憂鬱的存在，而是說明某種症狀會成為社會接受的主訴，是大眾對於某些主訴，例如憂鬱的詮釋有所不同了。例如，在台灣，近幾年才更明顯有不少人會以憂鬱症作為主訴，這種情形在十幾年前是不同的，在當年，憂鬱被詮釋為一種懶惰，因此很少會以憂鬱作為臨床症狀的主訴，或是要以憂鬱症作為退休或請假的理由。

很多問題總是先以這個風格，來詮釋它們之間的相關性，然後再發現需要理由來解釋，因而出現前述的種種矛盾。或者先前有專家表示，德國之翼的空難若是跟那位機員有關，那麼殺人式的自殺跟憂鬱症又應該是兩件事。由於目前大都鼓吹憂鬱症患者現身接受治療，因此事件後傾向從相關者患有憂鬱症的方向來思考，卻忽略了反而帶來其它的誤解，甚至有人抗議，憂鬱症患者被污名化了……

11.

回到診療室的心理治療情境，來談解釋和詮釋在臨床運用上的差異和目的。

臨床案例片段：

中年女個案，曾有兩次重度憂鬱發作，診斷上可確立

是DSM概念下的憂鬱症。她在先生突然心臟病過世後，才出現兩次憂鬱症發作。先生過世這件事，常是個案分別她目前問題的中間結節點，好像先生的過世這件事本身，就包含了所有意義，足以完全解釋她目前和以前的所有問題。心理治療約半年後，某次，她以不太重要的口氣帶過說，她從來就沒有喜歡過先生。生了第一個小孩後，她開始心情逐漸不好，好像她這輩子已經無法離開這個她不喜歡的關係了。她曾經在夢裡數度出現先生過世的情節，她都在害怕裡驚醒過來，害怕先生真的會突然死掉。先生過世的那個晚上，她和他為了女兒的問題而爭吵，她覺得先生太過寵愛女兒了。先生就在當晚睡覺時過世了。個案在後來的心理治療過程裡，只要談到自己的父母時，都是輕描地說，她覺得父母待她很好，但她覺得父母之間根本不是很親蜜的夫妻……

我就在有限的資料下，來說明「解釋」和「詮釋」這兩項治療工具的差別是什麼？

通常，我們會希望能夠從個案說出的故事裡，找到原因可以讓我們解釋，她目前何以會不快樂，或甚至變成嚴重憂鬱的狀態？例如，我們也許會說，她嫁給了不喜歡的男人，難怪一輩子不快樂，但是這種不快樂會變成嚴重的憂鬱嗎？可能來自於她生下小孩後，覺得被綁住了，因此不快樂，甚至變得憂鬱？或者再往前想，她雖然說父母待她不錯，但她覺得父母間不是很親蜜，是否她期待和先生可以更親蜜，但是事與願違，因此她的不快樂早就根植在

她早年對於父母的感受？

　　這些意圖在個案自述的故事裡，找出原因來解釋目前問題的思考方式，我都稱之為意圖找出原因來解釋她目前的症狀和問題。這涉及了幾個值得思索的問題。首先，我們如何確信，個案所說的故事本身都是真實的呢？這讓我們要從歷史事實(historic truth)裡，找出真正的緣由作為解釋的基礎，其實這種方式是很冒險的過程。

　　二來，到底個案的問題是憂鬱症？或是她強調的先生過世這件事呢？因為這個案幾乎將她的生活，描述成先生過世前或後的二分世界，甚至間接強調，先生過世後她是更憂鬱了，但是既然先生不是她喜歡的人，她也一直覺得自己被綁住了，何以先生過世了，對她來說，不是一種解脫呢？或是一種解脫，但這感覺太令個案害怕了，怎麼自己會這麼殘忍？

　　三是，個案的憂鬱症，和她所陳述的故事之間是什麼關係呢？那些以前的故事是她憂鬱的結果？或是她憂鬱的原因？她陳述的故事和憂鬱症是兩件不相干的事？她的憂鬱症只是生物性的因素？生活的故事只是充當加重因素罷了？如何確定這些解釋呢？這種解釋能夠百分百確定嗎？更重要的是，在臨床上常常是好像找到了以前的某個因素，來解釋目前的問題或症狀，但是這些問題和症狀卻依然重複出現。

　　如果我們覺得個案所說的症狀或問題本身，都是另有其它因素潛在地影響著她，也就是假設目前所出現的憂鬱

症和生活問題，另外還有不知的潛在因素深深影響著她？但是這個假設會遭遇的麻煩是，我們如何相信真有不可知的潛在因素呢？那是什麼呢？如何得知它們呢？

佛洛伊德的說法值得參考，他在＜有止盡與無止盡的分析＞（Analysis terminable and interminable）裡，提到關於記憶的課題，他認為生命早年的真正記憶，並不是以目前成人言語的形式被記得，而是以行動的方式被記憶。對精神分析來說，就是真正的記憶會以行動方式，展現在和治療者或其他人的移情裡，常是重複地出現，當事者卻不自覺而難以言說。

精神分析取向者藉由觀察個案的移情，進而假設個案目前的問題或症狀，可能源自個案故事之外的弦外之音，當精神分析取向的工作者在診療室裡，提出他對於移情的觀察和假設時，那就是進行著某種「詮釋」，而不是嚴格定義的「解釋」的任務。例如，這個案無形中排斥著她的女治療者，也許我們可以推論，她的問題不只是針對男性，也會有排斥女性的可能性，何以如此呢？當治療從這個疑問出發，再觀察個案後續的互動時，我們也許就可以說，治療者是採取以「詮釋」為主要方向的工作。

12.

再舉出一些觀察和想法，總結這系列以詮釋和解釋為題的討論。

是否每個時代都會有某個疾病，被神聖化和妖魔化？

但是神聖化和妖魔化幾乎是相同的事，例如憂鬱症，在不久前，為了鼓勵患者來就醫，彌漫著精神醫學的信心，將診斷工作神聖化的同時（並非指精神科醫師一定對，或知道全部實情，要逼迫患者接受。民主是很神聖的事，但是醫病關係，看來只是民主也是進步，但可能也損失了什麼？也許我們現在還不真正知道損失的是什麼。）也有患者自填量表作為初步自我了解的工具，卻被一般人理解成自己可以診斷疾病。我不是說一定要將診斷的任務神聖化，而是在患者期待自行決定自己的問題時，自然地我們會出現期待診斷是很神聖不可侵犯的事，雖然患者不一定會買單。也就是，患者有了自己詮釋和解釋問題和症狀的方式。

以下這段說法雖不是針對憂鬱的概念，但也有助於我們思索本章的課題，「經過一世紀的發展，精神分析已很難再說是一種同質的理論。而他對男性的瞭解，如果以伊底帕斯情結為精髓，那麼我們將發現，佛洛伊德筆下的男性特質、性特質，與伊底帕斯情結的內容（愛母親、恨父親／潛抑對母親的欲望、認同父親），有許多地方是干戈不入的，發現伊底帕斯情結，並不表示佛洛伊德便瞭解男性。」（楊明敏著，克萊恩觀點下的男性特質——以佛洛伊德的個案「鼠人」為例，頁5，2002，五南出版社。）

也可以說，在了解憂鬱是什麼的過程裡，憂鬱症同時被除魅化，變成好像大家都容易了解的現象，但這些了解是實情嗎？在這個互動過程裡，自然地所有相關的因素，不論正或負，陽或陰的論述，都會被加進來，卻讓憂鬱症

再度被妖魔化的可能性。例如出現在前述的德國之翼機員操作墜機事件後，首先被有意無意揭露出來的討論方向，就是圍繞在該機員的憂鬱症主題。或者隨著時間的演變，以後有新的分類法，如同DSM診斷條例將精神分析傳統的後設心理學，切割得好像歇斯底里症真的消失了。一如我們現在如果以「歇斯底里」形容某個人，也許會被白眼相待，或者對方告上法庭覺得被謾罵了……

我不知道專業者或一般人，有多相信是否真的如此？不久之後，是否憂鬱症也將步上類似的後塵？這個診斷被用來說明和解決了當代的一些問題，但同時帶來了污名化和其它問題。可能會有新的其它分類方式，再將憂鬱症解構得好像它就這樣消失了？我個人的假設是，也許不會太遠以後的事，不過這純粹是猜測，絕不是預言。

另外某些和精神醫學或精神分析有所落差的報導，來自報導者和不少讀者，對於某個診斷，例如憂鬱症，有他們的詮釋和自己的見解。至今，憂鬱症是什麼，的確在社會上是相當多元的詮釋，大家都有自己獨特的見解和詮釋，作為看待這個世界的方式，包括自己的過去和未來。如果是以豐富人類世界的文明來說，同一事件有更多不同且各自獨特的詮釋，是相當有趣甚至是必要的文明現象。只是對於被擺在具有科學假設為基礎的診斷學來說，多樣化且豐富的詮釋，卻是帶來困局且難以有快速處理的策略。

只是試想如果沒有獨特且會改變的多元「詮釋」，人對於已經過世的親人，或過去的事如何有新的觀點呢？但

如果硬被說成那是新的了解，意味著有所謂新的證據，來「解釋」當年發生的事，一如我們作為專家，我們希望以確定的生物、心理和社會成因，「解釋」什麼是憂鬱症？

不過在目前要完整解釋仍有困難，這當然讓憂鬱症是什麼的詮釋空間變大了。也許有些精神醫學者不同意這個說法，但是我必須強調的是，目前，當我們以DSM診斷條例來說，某人是憂鬱症時，只是指出他們符合了，研究者想要找出一群症狀相近的人，作為研究的基礎（在臨床上是指試著用目前認可的藥物模式）。為了科學的進展，這不必是要羞怯的事，只是多元的詮釋的確存在於社會裡，讓詮釋憂鬱症是什麼，和解釋憂鬱症是什麼，兩者之間構成了一幅既衝突，卻又需要相互了解的生活素材。

嚴格來說，從生物基因學來說，憂鬱症是什麼，我們尚未完全知道了。因此目前仍只是一些症狀群的集合體，雖然精神科醫師極力希望，可以解釋憂鬱症是什麼成因，讓報導者或一般人可以簡易地認識憂鬱症，但是何以仍然各自接受了自己想像的內容，作為詮釋所遭遇的症狀和困局（自覺或不自覺）？照理在資訊交流如此容易的時代，應該會減少這種誤解，實情卻是重複發生。需要再想一下，這是誤解？或者是原有的詮釋呢？

13.

最後，做幾個小結。

需要回到臨床或自身經驗裡，持續觀察：

1.「詮釋」有創意、新意、重新看同一件事,而且隨著時間和當刻狀態,會有不同的詮釋,可能無法確定何種詮釋才是最接近真理,甚至詮釋,可能跟真理的關係不是那麼密切。但也可能有固著的詮釋存在著讓人難以改變;

2.「解釋」重在找出緣由或病因,著重因果關係,尤其是直線式的甲因乙果的因果關係的探索;

3.找到理由「解釋」某症狀或問題,不必然對原本的問題會有新的「詮釋」,因而不必然會出現不同的心理感受;

4.可以發現證據來「解釋」,但是「詮釋」是另一件事,它的證據方式有所不同;

5.容易在「解釋」的細節裡,以為找到了因果緣由就好了,而忽略了「詮釋」是另一件事,和「解釋」不必然衝突卻是另一件事;

6.是否能「解釋」因果關係就比較接近真理?其實不一定,有可能「詮釋」更接近真理。但是在醫療的使用範圍裡,小心謹慎的「解釋」模式,可能較能避免糾紛。至於「詮釋」,就算在精神分析診療室裡的運用,也是需要謹慎、步步為營,端看個案在某當刻,是否有思考該說法的能力和狀態?但是治療者得隨時抱持著判斷錯誤的可能性。

憂鬱和悲傷的淚水各有幾行？
精神分析與精神醫學的交纏

前言：

　　本系列文章是嘗試以精神分析的經驗，來談論精神分析和精神醫學間的複雜關係。說是複雜，就是不建議以簡化的說法，來造成兩者之間難以對話的情境。這些文字不是要推翻精神疾病診斷條例，也不是要落入深度心理學，和腦科學或基因學是對立的二分法。這種二分法是不想思考的意思，但是本系列文章就是為了思考而書寫。尤其是在最新第五版的精神疾病診斷條例（DSM-5）裡，對於親人過世的哀傷，和憂鬱症之間重新定義，縮短哀傷的時間定義為憂鬱症，因而擴大了憂鬱症的範疇。這顯示的不只是診斷學的變化而已，而是涉及了生活裡某些現象是否「有病」所帶來的衝擊。本系列文章不是談論憂鬱症如何治療，而是以憂鬱症診斷為例談談及探索診斷學的變化裡，所隱含的種種複雜意義。但是不要以精神分析和精神醫學之間，或心理治療和精神藥物之間，是全有全無地二分法，好像只有一方能存在的方式來閱讀本系列文章。

一‧這是SOP概念下的運作模式，運作了什麼人或疾病？

我以精神疾病診斷與統計手冊（DSM），作爲談論精神分析與精神醫學的場域。

這個話題乍看很容易，但是要談得很精準，不會只是帶來不必要的挑釁，能夠創造出思想的空間，可以作爲進一步思索的基礎，這不是容易做得到。因此我起初難以下筆表達一些想法，不過後來重看松德同事許欣偉醫師的文章，《在憂鬱症裡尋找悲傷的權利》，他主要是針對美國精神醫學會主導的「精神疾病診斷與統計手冊第五版(DSM-5)」出版後，討論所帶來的精神醫學學圈內的爭論。

許欣偉的文章引述了一本值得爭論的書，《救救正常人：失控的精神醫學(Allen Frances (2015)》，我的論述並未完全要站在Allen Frances的立場，由於曾閱讀該作者未集成書前的相關評論，我以這些印象作爲後續論述的基礎。Allen Frances是第四版診斷條例的工作小組召集人，也許有些人會說，是否涉及了學圈內部的人事和利益鬥爭？

如果這麼推論，就否定了這本書裡所提出的種種問題，反而讓大家都閉起眼來，不再看問題了。但是如果變成只是完全推翻DSM診斷條例的存在意義，或者變成對於精神科藥物的全盤否定，對我來說似乎又過頭了。

真的會變成這樣子？理論上是不致於如此，但在一般或專業的討論，是很容易落於兩極化的爭論。因此我接下來的論述，是期待在這些爭議裡，能否思索兩極化論述的

中間部分，還有哪些可以再思索的？

首先，心理健康的課題是國家預算的一部分，也有相關行業的存在，這些都涉及了經費的運用，整體經費裡分配的方式是什麼呢？就科學來說，醫學的製造和生產知識模式，如果要取得大眾信任，就需要這個行業裡訓練出來的專業人員，在某些技能和態度上有一定的水準。但是，如何制定這些水準的基礎呢？如何制訂才不會只是過於個人化的影響，而是有大多數人可以接受的標準？

除了精神科之外的其它科別，假設只是針對身體器官系統，是比較容易有標準化的數字和操作流程，也許這是潛在廣義的作業標準流程（SOP），被制訂的背後動力之一。如前述許醫師文章提及的，精神科診斷科學發展的早年問題，到後來讓DSM有發展空間的實況，這是精神科從以前至今仍面臨的困境，這困境可以描述成有人說是精神科不夠科學，因此就變成精神科如何科學化的問題。這衍生出很多作法，診斷條例的標準化就是其中之一，也包括腦科學和基因科學的發展，都是這些想法下的運作。

一個人的心理疾病或精神疾病，在目前，的確還沒有達到可以完全使用腦科學和基因科學來解釋，因而有個別化以及人的同理心（empathy，或說是「神入」）的課題。偏偏人的個別化和同理心，是難以完全標準化，如果一味地標準化，一定會被批評缺乏人性化，難道個別化就是人性化嗎？

為了要適應一般化的科學觀，有了DSM的應運而生，

尤其是專業人員藉用這些條例,讓專業人員之間對於同一個案的觀點是趨近了,但這只是說我們拿著一本書看一個人,我們之間可以看見這個人身上相同的東西(因為依書本內容的定義)。但是麻煩來了,從DSM第三版到第五版,都面臨一個類似問題,由一些專家定義出來的精神疾病,到底是什麼?或者有人質疑憑什麼,這群工作小組的精神醫學專家,可以做出這些決定?

我只是有些疑問,回頭再想想問題,不是要完全推翻。如果科學定義後,經過後續的研究人員和臨床者的運用,發現前面定義有問題,因此需要再修正。可以再修改,是科學化的必要性,隨著DSM在其它領域的重要性增加,讓原本一群人定義後,再來修正的科學基礎,不再是那麼單純了。這是後來爭論的重要原因之一吧。

例如,精神疾病診斷條例和國家補助,和一些非政府組織(NGO)的相關利益,如經費的補助等等,讓DSM原本被預期科學化的期待,逐漸變得摻雜其它讓人難以處理的課題,偏偏這是科學發展的過程裡難以避免的主題。

但是就算有這些問題,只要能夠說清楚精神疾病是什麼,仍會是精神醫學的核心,只是在種種複雜的運作下,DSM卻被圈內人說成,有了定義,卻是愈定義愈不知它到底是什麼?跟臨床某些特定個案逐漸脫節的是,某些條目定義趨於嚴格後,更多的個案無法放進診斷裡,但是目前的版本卻有一些是大開門,擴大診斷適用範圍,造成了一般悲傷和憂鬱症的難以區分的說法。

二‧古早時候的歇斯底里症不見了，果真如此嗎？

　　無論如何，目前所呈現出來的問題，還是得回到基本問題，當一個人說另一個人有精神疾病，這是什麼意思？一個被叫做精神科醫師的專業人員，說另一個人有精神疾病，這是什麼意思？一個國家機器裡的機制，宣稱一個人有精神疾病，這是什麼意思？

　　國家機器賦予醫學會，在國家法令下訓練出一批被叫做精神科醫師的人，在台灣，更早以前，是依據《國際疾病傷害及死因分類標準(The International Statistical Classification of Diseases and Related Health Problems)》，目前已是第十版（ICD-10），是世界衛生組織（WHO）依據疾病的特徵，按照規則將疾病分門別類並用編碼方法呈現的表述系統。

　　台灣於1980年代中期引進DSM-3，漸漸地近年來變成被依循的精神科日常工作的版本。DSM是美國精神醫學會所主導出來的《精神疾病診斷與統計手冊》，作為看世界的方式之一，雖然大家以為只是看精神疾病世界的方式。

　　走到第五版的時候，明顯發現它不只是指導我們看精神疾病的角度，也變成了指導我們看世界的方式，當它變成跟國家體制裡的各式補助緊緊相連後，它所代表的早就超過原本科學發現的目的，以表象的症狀群的結合或切割，試圖連結生物學和藥物學等。

　　怎麼卻變成了讓悲傷和憂鬱症之間模糊了，或者有人說把悲傷變不見了。這是明顯改變了一般人或專業者看世

界的方式，原來這個診斷模式所展現的結果，回過頭來指導我們的生活了。也許這也是Allen Frances開始疑惑DSM診斷條例是精神醫學的聖經，是大家集結的意志嗎？

不過，至少它的問題已被掀開了，後續會如何，其實還很難確定，何以如此難以確定？如果只以科學來看，它顯然有些是過頭了，不再只是科學，如Allen所指出來的，精神醫學界會如何消化和修正還待觀察，只是目前被提出來的質疑，我認為仍還不致動搖精神醫學的根基，但的確讓精神醫學有機會重新再思考，精神醫學的專業是什麼？這是這系列文章的主要目的。

值得先回到歷史來檢視這些問題，也就是說，我們作為專業人員已經不能再只依照一本精神科聖經般的診斷條例，依照內容抓出某個人，看看對方是否有某種精神疾病，然後就依著診斷，從事後續相關的精神醫療。這是日常工作，但需要再重新想想，這是什麼工作了？我也同意以下的說法：「法國精神分析師安德雷格林（André Green, 1997）及英國精神分析師保萊斯（Bollas, 2000）與科宏（1999）早布萊頓提出這樣的看法，他們認為將「歇斯底里」納入「邊緣型人格」非常不恰當。因為兩者相去甚遠，其差異之處，可以從病人在診療室裡與分析師建立起來的「移情──反移情」關係看出。這幾位當代極具影響力的精神分析師皆強調，「歇斯底里」不是精神分析發明出來的，也未曾因為精神分析師們日後轉移了焦點而消失。」（樊雪梅，佛洛伊德也會說錯話：精神分析英倫隨筆，頁

157，2013，心靈工坊出版。）

　　至於精神醫療是指什麼呢？早年歷史的治療模式，如，水療、電療、按摩、催眠式暗示（hypnotic suggestion）、催眠式的宣洩（hypnotic catharsis）等等，這些當年正規的治療方式，已經變成我們日常生活的一部分或是常識了，仍常是在報紙媒介裡，被推介來處理人生問題的模式。這些治療處方雖曾經盛行，目前它們的專業性已不如當年了，然而，當年以這些模式處理的症狀就不見了嗎？

　　當然不是如此。當年的精神科症狀仍然存在著，只要好好研究當年的文獻，或者好好閱讀佛洛伊德全集的《英文標準版》的第一和第二冊裡，那些個案的症狀群仍是目前臨床上可見的現象。但有差別的是，由於大家漸漸以DSM作為看這些症狀群的唯一方式，加上當初DSM症狀群的分類，就算有研究數據作為分類依據，也是有任意群組切割分類的現象。

　　這讓大家誤以為古早時候的歇斯底里症已不見了，但是果真如此嗎？也許一些早年比較被注意的，較戲劇型的症狀，如，失憶或手腳突然麻痺等症狀是沒有那麼常見了，但是在這些當年是明星級的症狀之下，跟它們同時存在卻被忽略的症狀，仍是存在的，例如慮病、恐慌、強迫、焦慮、憂鬱等等。

　　如上篇所述，DSM的分類方式是有些任意的（也許這也是當先鋒時，很難避免的情形。），而且一步一步地跟古典精神分析所累積的經驗分離，因此在精神疾病診斷條

例的分類裡，逐漸和原有的社會心理層面的處遇方式脫勾了。愈來愈跟生物基因學、藥物學、腦科學親近，何以如此並不是一天內造成了。其實，所謂親近，就是以這些分類作為研究的群組，然後研究它的生物學特徵，期待這些研究的成果，以後可以回饋作為實質的治療模式。

三‧想區分正常或不正常，人為的任意切割就難避免，怎麼辦？

我拉到歷史角度的思索，是為了要呈現Allen Frances所提出的問題，但也不能只侷限在他的眼光。因為他所指出來的問題和解決方案，是否能解決他批判的問題呢？

這只是科學的實務操作的問題嗎？如果不細思，可能會流於好像只是第五版DSM-5的問題，和精神科藥物的問題，因此可能過於簡化地認為，只要修正DSM-5和調整精神科藥物的關係，就可以解決他所提出來的問題，以及所涉及的科學問題？我是存疑的，因為他指出來的問題，不只是較庶務性的課題，仍有更大結構性的課題，隱含其中深深影響著，精神醫學的面貌是什麼模樣？

首先，在正常和不正常之間，一定會有一條人為切線，這條切線可以有多少科學切入議論的空間？就心理課題來說，這也是哲學的課題，但是在精神醫學的日常實務是需要有個切線。這個切線會涉及文化因素的影響，什麼是正常？什麼不正常？

這是Allen Frances在評論DSM-5的問題時，也會面臨的問題。這個問題會直接反應在，他批評DSM-5將重要親人過世後的悲傷，取消喪親後兩個月的緩衝期，就當作是憂鬱症的課題。這涉及診斷後藥物使用的正當性，和是否能得到保險給付的課題？

Allen Frances並未反精神醫學，只是他的書《救救正常人：失控的精神醫學 (2015)》要被如何解讀，當然也超過他的預測。他是站在DSM立場。我這系列文章以精神分析角度來思索，畢竟DSM的存在也夠久了，能夠再回頭看它所呈現的某些問題。

回到他原書的英文標題，Saving Normal: An Insider's Revolt against Out-of-Control Psychiatric Diagnosis, DSM-5, Big Pharma, and the Medicalization of Ordinary Life，涉及討論精神醫學診斷的失控，這失控如在標題所呈示的和大藥廠有關，以及將日常生活的某些情緒和行為，下了某個診斷，變成如他所說的將日常生活加以疾病醫療化。這也呈現在目前的精神醫學，大家對是否有網路成癮症的爭議。

Allen Frances是在DSM的科學邏輯下，批判第五版的任意性，如果回頭看第四版，也是承繼了前面版本，例如對於古典歇斯底里症的任意切割分類，當然有依表面症狀群作為分類的意圖，如記憶或身體化等。因此我認為如果只依Allen的邏輯，可能仍無法解決他提出來的質疑。

他也批評DSM-5被媒體錯誤使用，也太受大藥廠影響

了部分診斷及臨床指引。但Allen批判的這些現象也是自打嘴巴，他自己也承認DSM-IV被藥廠運用，以及媒體錯誤使用也超乎他的想像。

也就是說，當Allen Frances批評第五版的任意性，不夠科學，再評論DSM-5和藥廠的關係，這是容易被推論好像藥物一定是有問題。其實這推論不必然是對的，但也不是全然沒道理，這就需要其它角度來思考了。如果只運用全然否認精神藥物的話，就很難有思索的空間了，因此我無意跳進這種二分法的討論裡。但是也需要正視一些課題，例如因為重要親人過世後的悲傷，要切為兩個月、兩年或更長，才可以診斷為憂鬱症，這也是很人為的切割和決定，不必然是純粹科學的課題。

誰來說這是正常或不正常？他的批評會有多少影響力仍待觀察，但是嚴格來說，仍有人為任意性在其中，只是正常和不正常的中間界面，有多寬吧？這是我何以認為他的批評，並不必然能完全解決他所提出的問題。畢竟對我來說，我介意的不是基因學、腦科學、和精神藥物學的成功發展，而是更介意在DSM系統裡，歇斯底里和一些精神官能症，被任意切割分類，讓這些症狀群的處理和思考，和精神分析的成就和概念愈來愈脫節。

他所提出的質疑仍是有意義的，這些意義需要從歷史來回顧。DSM明確化條目，帶來了臨床的容易運用，但是人性的複雜，精神醫學要如何面對？而不是只被DSM的眼界所侷限，雖然它在精神醫學日常工作裡的重要性，目前

看來仍難有可以完全取代它的工具。因為世界衛生組織
（WHO）所建構的《國際疾病傷害及死因分類標準（The
International Statistical Classification of Diseases and Related
Health Problems）》，目前已是第十版（ICD-10）也頗受
DSM的影響。

　　那麼，是否有這些缺陷，精神醫學就不是科學？這倒
不然，科學原本就是要容忍有不足和錯誤，但是要能夠知
道問題何在。雖然什麼是問題，也會有不同的論點。

四‧當精神疾病診斷「有病」，開始影響一般日常生活或社區處遇？

　　從另一個角度，談精神疾病診斷如何影響日常生活，
呼應何以DSM-5在某些診斷的隨意擴大所帶來的反彈。

　　相對於其它醫學的科學，必須承認精神醫學目前是有
段距離，但重要的是這不會減損精神醫學的重要性。雖然
有些其它科的醫師是如此看輕精神科，其實就算他們的批
評有道理，也要看我們如何解讀這些批評，更重要的是，
我們是如何看待精神醫學？是否探索基因學和腦科學之外，
還有心理學？一個需要被創造出來的心理學？一如輕視精
神分析的人，在和他人對話裡，有多少時候會出現「不自
覺」而如何，或者「潛意識」如何⋯⋯

　　精神醫學的重要性可見於很多例子，例如，新加坡處
理青少年余澎杉（Amos Lee）的過程，也回頭看當年納粹

或後來東歐在鐵幕下的精神醫學，做了什麼？無論如何，這些都顯示精神醫學的重要性，雖然有些是以另一面的方式呈現。把精神醫學可能有問題的一面，變成精神醫學的日常業務，這種運用精神醫學的情形會消失不見嗎？

我很難相信它會自動消失，因為精神醫學，包括台灣在社區處遇裡被加上政經因素，其實仍是難以避免，雖不是以前那般魯莽了，但是大家可以一起想想，何以有不少人將精神醫學跟社區安寧擺在一起呢？這應不是偶然，是有它們之間某些潛在關連性，或者存有容易相關連在一起的潛在可能性？因為有這種可能性，我們更需要注意精神醫學的運用裡，有哪些因子的存在容易被暗暗或者不自覺地，過渡到使用在以社區安寧為目的，因這常是跟政治經濟因素相連的社會期待。

何以要談這些？我們只要再細想一下，DSM-5被批評的內容，例如以悲傷和憂鬱為話題最常被提及，背後更涉及了精神科診斷對一般生活的介入。當日常生活上愈多行為和情緒，被列進精神科診斷裡（或被暫列可能），意味著精神科的範圍愈廣，愈涉進了每個人的日常生活。這隱含有善意，也讓精神醫學在社會有更廣的立足，但是這會讓精神醫學更被尊重嗎？這離精神科墜進社會控制的一環有多遠？是得謹慎考慮，才會讓精神醫學的路走得長久，而不是變成有權力者，或者社會安寧的過度介入而成為工具，不過，期待社會安寧可不是有權力才如是期待啊。這並非說我反對精神醫學應該對社會有貢獻，我當然支持，

但是要貢獻什麼？如何貢獻？這些更是重點。

　　前述只是意識上的課題，是否刻意濫用精神醫學的診斷，並經由過度使用而獲得某些利益，例如法律或者保險的利益？不過實情比這些還要更複雜。當我們完全認同了這套精神疾病診斷系統，並用在正常或不正常的劃分界線上，如果沒有相當注意這些診斷運作的界限和侷限時，就容易變成以精神科診斷介入一般人的日常生活，好像所有的問題都是以有病來說明。

　　以前有人會誤以為精神分析是如此，好像所有創作品的藝術家都是有精神官能症的個案。這種論述在學門的發展早期，是可以提供一些新的視野和概念，但是若變成是全面性地使用，就會讓大家覺得厭煩，好像人都是有病的，所有行為都是以有病的角度來描述。

　　這涉及了「症狀」的意義。

　　精神分析和精神醫學對於症狀的態度是有所不同的，簡略來說，精神分析認為症狀是源於內在心理各式衝突相互妥協後的結果，因為有妥協就會留有過程裡痕跡，因此症狀是了解潛意識世界的重要管道。一如精神分析對於夢的概念，透過夢和症狀的分析，都是了解潛意識的重要管道，因此目標不是只在袪除所呈現的症狀，由於假設拿掉症狀後，內在衝突矛盾依然存在，依能量不滅原則的假設，個案會再以其它症狀來呈現。

　　因此分析治療的過程，是探索症狀底下的其它意義和心理衝突，不是將症狀當作「有病」而要馬上袪除為目標，

是一扇窗戶，讓我們和個案有機會看見內心世界。雖然這種說法可能被誤解爲，精神分析者不管個案的死活，不管個案的症狀所帶來的受苦，而認爲精神分析取向者太冷酷了。不過在處理過程，的確不是如精神醫學那般，將症狀當作要盡快祛除的對象。這是假設如前述，如果潛在問題未解決，拿掉一個症狀，只是另有症狀再出現的變化。

例如，以精神科藥物針對焦慮和憂鬱的祛除，其實是可以有其它的思考，或者精神分析以心理學方式所處理的焦慮和憂鬱，以及精神科藥物所處理的焦慮和憂鬱，是否是相同的內容呢？雖然我們和個案使用相同的詞語，但是不要忘了，當我們將個案所主觀形容和我們從旁觀察內容，定義某些現象爲焦慮或憂鬱時，個案心中所感受的焦慮和憂鬱，跟我們想的，是相同的嗎？

後續會再以法國精神分析師Daniel Widlöcher談論，「精神分析和精神用藥」的觀點，來補述一些想法……

五‧精神藥物、DSM和「去機構化」，仍要如以前被等於「社區醫療」？

先談談精神科藥物的課題。

自從1951年抗精神病藥物Chlorpromazine發明之後，1952年十一月首先法國承認能夠臨床使用，精神藥理學的

發展就慢慢主導整個精神醫學。雖然在二十世紀60及70年代，並沒有新型有效的精神科藥物出現，但這段期間是精神藥理學潛在發展衍變，累積精神藥理科學研究在後來的重大進展。

這些精神科藥物雖然無法百分百治癒精神病個案，但已是相當大的突破了，因此藉由研究各種抗精神病藥物的作用機轉，進而企圖推論精神疾病的可能致病機制，包括精神分裂症（思覺失調症）、憂鬱症、躁鬱症及物質濫用之成癮機制。這些在目前仍在發展中，意味著精神疾病的生理病源，並不是大家期待的那麼單純，因此仍有眾多理論同時發展中。

不可否認，有精神病藥物的發明和使用，使得以前只能長期在收容所的精神病個案得以離開機構（所謂的「去機構化」），讓所謂社區精神醫療在1960年代起成為可能（其實從1960年代至今，目前的機構品質已不再如當初的機構那般落後了，但是都被叫做機構，因此目前的「去機構化」，仍如以前被等於「社區醫療」），如果回到個案的狀態和需求，其實是需要再回頭省視，是否兩者是相同的事？（雖然英國的community psychiatry，對某些精神醫學家來說，這個community包括機構內和機構外。）

因為健保費用問題和人權課題，讓社區精神醫療是什麼，還有不少值得思索的空間。再加上基因科學和腦科學的發展，雖然直到目前要從一群症狀裡找出致病因，仍是困難重重，這顯示的是精神疾病的複雜性。

　　首先為了科學的目的，目前的工作邏輯是，先將表象症狀上接近的症狀群歸類在一起，假設它們之間是共同性多的個案群，作為研究的基礎個案，如此較有機會找出致病因，雖然表象症狀接近，什麼跟什麼比較接近，仍是存在著人為任意決定的因素。這讓DSM的存在慢慢起了變化，為了能夠明確地找出這樣的一群人，診斷條例的內容就只好愈明確，能夠增加研究人員之間，在運用時不會有太大的落差，讓被找出來研究的個案群間差異性不致太大，以免影響生物學相關研究的解讀。

　　簡單的說法是，如果依照診斷條例的內容，所做出相同診斷的個案，如果實質上它們之間差異太大，就愈困難從研究裡歸納出病因。如果DSM要符合這個科學條件傾向，就得愈來愈只能以明確化的症狀為主，其它涉及主觀感受的部分，相對的不利留存在診斷條例裡。

　　這些說法只是簡略地描述，如果有人有興趣依著某些症狀，追蹤它們在不同版本的命運，也是很有趣的課題。但是在這樣的傾向下，讓在DSM的標準化和藥物作為後盾後，有關心智健康的精神醫學，是生產線工業或是手工藝的課題？如果漸變成生產線般以症狀為主的重複工作，雖然會有個別性的強調，如果有精神科醫師以DSM的變化，來嘲笑精神分析被踢出DSM的建構，但是如果理解前述的潛在邏輯，我覺得這不稀奇。

　　以憂鬱或憂鬱症為例，佛洛伊德在《哀悼與憂鬱》（Freud, Mourning and Melancholia, 1917）以及後續精神分

析者的論述仍是重要的理論，當我們以症狀為主，對於憂鬱的了解和精神分析脫勾後，我覺得絕對是治療者和個案的重大損失。因為平時大家談論憂鬱的心理元素時，仍是不脫佛洛伊德當年的論述，只是大部人都遺忘了，他們習以為常的想法和精神分析的關聯性。

我另舉一位重要精神分析家克萊因對於憂鬱這詞的用法，對她來說，這詞是有心理修復的意義，不過這是指潛意識的運作，「佛洛伊德在其著作中隱約論及『修通』之不可能，由此推論，伊底帕斯的完成也可能只是神話，為此我們僅能在相關脈絡下談伊底帕斯的榮枯盛衰。克萊恩以兩個發展中之『Position』描繪發展中的過程，一為『偏執分裂心理位置（Paranoid-schizoid position）』，另一為『憂鬱心理位置（Depressive position）』。根據克萊恩，人的發展不是階段性的，也與『時期』無關，人一輩子都在兩個彼此重疊及流動的心智狀態之間游走......」（林玉華序，《伊底帕斯情結新解——臨床實例》 The Oedipus Complex Today： Clinical Implications，作者 Ronald Britton, Michael Feldman, Edna O'Shaughnessy ，譯者：林玉華，頁02，2003，五南圖書出版。）

至於精神醫學的發展，依然緊緊地只跟著DSM，這對精神醫學的發展未來是好或壞？仍是值得探究的課題。例如，一般大眾或精神科工作人員，只依DSM來判斷人的心智、心理或精神的正常或不正常嗎？是否其實仍隱隱存在著其它的線索，左右著專業人員在判斷正常或不正常？是

我們先覺得不正常，再試圖以DSM來捕捉症狀，進而證實或保護我們所做的決定？不是說一定如此，但值得再來思索，是否另有其它的軸線？

對於精神官能症的焦慮和憂鬱症來說，跟精神分析和精神醫學的交纏較有關係，我們了解為了捕捉到一群個案，症狀較明確且窄狹範圍時，假設在科學機率上較容易發現它的共同病因。在基因學的研究上影響也許更大，但是何以目前第五版DSM，卻反而擴大了某些診斷的內容？例如，悲傷和憂鬱，並招來不少精神科醫師的反彈呢？這是怎麼回事……

六·藉由精神藥物的作用機制，以及腦科學和基因學的證據，新設診斷的時候？

目前的精神官能症，在百年前就存在了，有歇斯底里症、強迫症、慮病症等等，如果從精神分析的經驗來看DSM，我最有意見的是，DSM對於精神官能症的分類方式，尤其是從DSM-3開始。

如果閱讀當初在訂定這些分類時的論述，精神分析取向和其它取向者之間有激烈辯論，後來隨著腦科學、基因學、精神藥物學的研究，逐漸累積更多文獻，加上DSM作為研究的基本工具，要假設它的內容能夠捕捉到更小群、更同質的個案，進行生物學相關研究時，在更同質性的診斷群裡，比較能夠找出它在生物學或大腦方面的病因學。

在這些條件下，要能夠有更多的論文，變成是重要的優勢，明顯地在這些目標下，精神分析取向的精神科醫師漸淡出DSM的制訂。目前已經從第三版（1980年）走到第五版（2013年）了，雖然第五版的工作小組成員，有精神科醫師，也有非精神科醫師，但是過程裡，第三版的召集人Robert Spitzer即曾公開質疑，何以第五版的工作小組成員，被要求簽署保密條款，讓整個過程無法透明。第四版召集人Allen Frances也曾類似質疑，而且Allen Frances更攻擊，第五版是缺乏科學過程的產物？這是什麼意思呢？如他所定義的缺乏科學本質的分類，是第五版才出現的嗎？

我們回頭再看，當初從DSM-3起，對於當代歇斯底里症分割成幾個不同診斷的依據是什麼呢？依據症狀群的表面癥候，或背後另有假設，例如，區分記憶方面的症狀，區分身體化的症狀等等……

回到臨床個案來看這些分類，是增加我們對於這些疾病的了解，或者只是被切割後的零碎化，更不容易找到共通性致病因子呢？或者為了縮小症狀群，結果卻是讓臨床更多的個案，被歸類在「其它」（我的說詞）類，如果仔細長期觀察個案，是否會變成這些例外的「其它」，變得比正式有歸類名詞的還要更多呢？

我在本篇先做這些概略式的論述，後續文章再討論古典精神官能症，被DSM切割後它們的命運是什麼？

以精神官能症的診斷分類來說，由於在DSM系統裡有限的知識下，而做的人為切割重新分類後，再取了不同名

字，隨著時間的演進，除非大家隨時回到歷史，來看這些診斷的變化，不然就跟原來的大理論脫勾了。尤其是和佛洛伊德以降的後設心理學脫勾了，對於不認同精神分析者，可能視之為理所當然，但是這種當然裡，讓目前的傾向變得奇怪，不論我們談論多少腦科學和分子層次的理論，但是臨床上，依照DSM診斷後，接下來就是思考如何用藥了。目前精神官能症的藥物分為兩大類：一是抗焦慮藥物，二是抗憂鬱藥物。精神科醫師就在這兩種藥物裡打轉，似乎隱含著人類的情緒好像變成只有焦慮和憂鬱，或者再加上恐懼？

　　就結果來說，何以需要細分呢？不如就分成兩大類，雖然我這麼說還不夠精細，因為這兩種症狀是可以再被細分成，不同的生理作用機制和分子層次的作用部位。但是目前還沒有依此再細分診斷，也許意味著目前還不足以藉由精神藥物的作用機制，以及腦科學和基因學的證據，作為新設診斷的時候？也可以說科學仍在演進中，要想的是就算生理學為基礎的研究有進展，心理學還是需要的嗎？

　　不然如果精神藥物的機制很清晰了，照理沒有理由，不用精神藥物的作用機制，再重新分類目前的診斷條目。接下來也將針對這兩種藥物的作用，再申論並借用法國精神分析師Daniel Widlöcher的說法，談談抗焦慮藥物和抗憂鬱藥物，對於精神分析和精神醫學的衝擊，來省思前述DSM-5的某些課題。

七‧心理治療和精神科用藥，治療同一種精神疾病，可以擺脫二元決定論？

更重要的是，當我們有了診斷症狀名稱焦慮或憂鬱，然後我們給予宣稱是抗焦慮和抗憂鬱的藥，實質作用是如此簡單嗎？抗焦慮藥所消減的症狀，真的只是我們宣稱焦慮的症狀嗎？或者只是消減了藥物定義下的焦慮？這和個案主觀抱怨的焦慮是等同的嗎？

對憂鬱症狀，我也有相同的疑問。也就是，個案所主觀抱怨的焦慮或憂鬱，以及我們假設焦慮和憂鬱也有一些客觀跡象，例如，焦慮時的心跳、流汗等，這是精神醫學定義下的部分症狀，但是至今仍常和個案的描述是有些距離的。而且精神醫學所定義的焦慮和憂鬱內容，和相關藥物可能作用的內容，有多少的平行或落差的關係呢？

藥物的作用是什麼？在主觀感受和客觀觀察上，可能是什麼？如果涉及主觀感受，就是涉及複雜的心理狀態。我們真的百分百認定，個案所陳述的話就是心理狀態最後的標準答案？實情有如此單純嗎？這篇文章是個引子，只是提出思索，是不是再回頭好好細看藥物的作用，而不是在簡化的焦慮和憂鬱名詞下，給予簡化作用下的藥物，因為這些藥物在生理上的作用範圍，可能比目前大家注意到的還要更廣些。不過請不要把這說法解讀為，是要或不要吃藥的二分法，我對於二分法都是很謹慎的。

另外，目前DSM的診斷概念下，腦科學取向和原本的心理學取向間的分歧，我提出Daniel Widlöcher的說法來說

明，所涉及的精神分析和精神醫學之間的關係，因為他是精神分析師，曾當過「國際精神分析學會」(International Psychoanalytic Association, IPA)的會長，他本身也是法國精神科醫師，曾在Salpêtrière Hospital當精神科主任教授超過二十年。這間醫院是當年Jean-Martin Charcot工作的醫院，也是佛洛伊德年輕時去巴黎修習的醫院。

Daniel Widlöcher在《精神分析的新版圖》（李郁芬等譯，五南出版，2006。）第十一章，「精神分析與精神用藥」裡，他做出如下的結論，表示藉由焦慮症和憂鬱症的例子，雖然我們將所有精神疾病，普及成兩種治療方式，一是心理治療的型式，另一是精神用藥，但是他認為其實是可以擺脫二元決定論。

為什麼他這麼說？他提及精神醫學傾向神經科學，希望區分造成某些行為的層次，能在腦神經科學裡精準再現它的結構。目前的精神藥物作用在相當廣泛的重要調節路徑上，仍無法精準的達成任務。這是他在1996年時提出的論點，就我有限的了解，目前的精神藥物雖是分子層次的研究，但離要精神定位來再現和腦神經的關係，仍是困難重重的。這種困難不是全無用處，但用處是什麼呢？

他繼續這麼說，當我們認為心理治療處理思考系統，腦神經則是管理著心理調節機制，兩者相互作用，但是根本問題仍存在，因為發揮作用的心智結構非常複雜精密，歷史和社會環境在其中仍扮演了某種角色，因此我們想要如同鋼琴家，將手指放在琴鍵上，就能彈奏出精準的樂章，

特殊藥物依這種方式來使用，針對某些特定的生理結構進行改變，來達成所謂治療的目的，卻仍是困難重重。

就科學來說，當然不是困難重重就放棄，心理治療和精神用藥，兩種治療模式的差異，就目前的知識和經驗，我們知道它們會相互作用，但並不是意味著兩者是相互取代的。我們將兩種不同的治療系統，用在治療同一種精神疾病，這是我們的日常臨床事實，接下來會再就這些概念，對焦慮和憂鬱的經驗做些描述，讓大家了解何以他會形成這些想法。進一步陳述他的觀點，關於精神分析和精神用藥的經驗前，先回到背景知識。我先再描述佛洛伊德對於精神分析和精神醫學，尤其是兩者之間，對於症狀的不同論點，如何影響我們看待精神疾病診斷系統。

八‧精神分析和精神醫學間的關係，類似組織學和解剖學間的關係？

再回到佛洛伊德，對於精神分析和精神醫學的差別，以及對於什麼是症狀的論點？

我先引用文章簡略描述心理障礙或精神疾病的歷史，「在十九世紀的歐洲醫學裡，科學家們努力地以純粹的經驗主義為目標，醫師們對各種精神障礙做了詳細的觀察，並根據它們表面上的表現做分類。到了克雷普林（Kraepelin, 1919），終於把眾多的疾病整理為情感和思考的障礙，到

此產生精神病理上的二元理論，到現今的精神科領域中，依然佔著一席重要的地位。

在二十世紀之初，佛洛伊德以實驗觀察把個案所敘述的精神經歷整合了起來，憑藉著這些資料，他發現了無意識思考程序，以及在成人精神病理中，重複出現的嬰兒期衝突。……一直到今天，佛洛伊德的理論在精神疾病的分類上，仍然扮演著一個重要的角色。」（《人我之間：客體關係理論與實務》 Self and Others: Object Relations Theory in Practice ，作者：N. G. Hamilton ，譯者：楊添圍、周仁宇。頁164-5，2013，心靈工坊出版。）

我先舉出一個臨床上常見的例子，如果我們只依著診斷條例來做診斷，那麼我們只要找出符合的內容就可以診斷了，然後給予精神用藥或心理治療。如果我多聽一些個案的描述，在家裡和父母及配偶的互動，那麼我們這種聆聽算是什麼呢？只是社交技巧的一部分？或者是讓個案覺得我們很關心他們，然後他們會比較願意合作吃藥？也比較願意再回診？但是這些藥物之外的詢問或甚至給予意見時，這些意見是什麼意義呢？跟他們原來要求治療的診斷內容有關係嗎？是什麼樣的關係？只是當作輔助嗎？

我的意思是指如果只是最後回到，以基因遺傳和腦科學為唯一解釋症狀的基礎後，其它的互動都跟症狀的治療本身無直接關係？一如骨折後的處理是開刀和固定，這和他的父母或配偶不必有直接的關係。目前的精神疾病的診斷內容，尤其是精神官能症，我們詢問個案和周遭人物的

互動，甚至給予個案一些意見和建議，這是完全無關於焦慮或憂鬱嗎？

　　也許有精神科醫師是期待，這些診斷在未來可以完全由生物學來做診斷，不過這只是未來的期待，目前仍還不是那時候，重要的是當我們給予意見時，是否還是會覺得，是在藥物之外再給予一些意見？再看看是否能夠一起緩解個案的症狀或問題，那麼這是什麼意思呢？

　　我引用佛洛伊德在1915-17年間《精神分析引論》第十六講，「精神分析和精神醫學」裡的某些說法作為思考。

　　佛洛伊德觀察當年即已出現的現象，他表示如果精神醫學只從遺傳的角度，提供一個遙遠的病因學理論，而不是首先指明那更特殊、更新近的原因，其中是否精神醫學和精神分析存在著矛盾和某種對立？兩者能不能相互補充？遺傳因素和經驗的重要性，兩者是否相牴觸？兩種因素是否可能以最有效的方式合而為一？

　　佛洛伊德表示，反對精神分析的不是精神醫學，而是精神醫學者。精神分析和精神醫學間的關係，類似於組織學和解剖學間的關係。他認為這兩種研究可以相互聯繫，相互補充，很難設想兩者之間是矛盾的。佛洛伊德進一步表示，我們期望在不久的將來，人們會體驗到，關於心理生活的潛意識過程，如果精神醫學沒有相關正確知識，那麼它就不能算是以科學為基礎的精神醫學。也許佛洛伊德的口氣有些大，不過這倒是他一向的主張。

　　佛洛伊德對於當時難以治療好妄想症狀，他明確說是

很困難，但是他也主張只管研究，不問是否會立即見效，這既是精神分析的權利，也是精神分析的責任。

這是佛洛伊德在一百年前的說法，目前，基因科學和腦科學的進展是不少了，但是如前文提過，要以基因科學和腦科學來完全解釋精神疾病的症狀，就嚴謹科學性來說仍有不少距離，不然精神科醫師在看診的時候，根本就不需要跟病人談太多，也不必多談個案的家庭狀況，也不必談什麼正向或負向想法之類的說法？

因為當有人要個案正向想法，建議個案要有彈性處理各種想法，這些的背後仍是隱含著一個重要的假設，這些建議是針對個案的症狀，因為我不認為精神科醫師只是隨意說說，而是仍期待個案可以接納聽進去，並進而改善他們的問題或症狀。

我由這些臨床的日常來假設，目前不論生物學、基因學和腦科學的進展多麼快速，我們都知道仍需要給個案一些心理學上的建議，這意味著給予建議的精神科醫師，還是多多少少相信仍有心理學的空間。有差別的是，對於心理學空間是什麼，也許仍有不同意見。

九‧精神分析和精神醫學，對於「症狀」論點的差別所在？

先再簡略回顧曾說過的，目前的《精神疾病診斷與統計手冊（DSM）》，部分是為了收集個案群作為藥理學、

基因學及腦科學研究的基礎，尤其在精神用藥，的確有它某種程度的效益。因此也被附予從藥理學的分子作用方式，來作為病因學的解釋理論。但是它的原始意圖，到了第五版竟被同行Allan Frances質疑不科學了，我相信是無法完全推翻這個手冊，但是值得再從歷史裡的某些論點來思索。

法國精神分析師和精神科教授Daniel Widlöcher在「精神分析和精神用藥」裡的論點，思索精神疾病診斷的課題，本文則以憂鬱症為焦點。

他表示精神疾病的源由和本質，一直以來就是神秘（我當然不認為一直要讓它神秘），但是精神分析從來不認為，它對症狀形成方式的理解，而衍生出來的解釋，是所有解釋裡最獨特和唯一的。但是至少它將所有被界定為精神官能症的疾病分類，設定框架為人類心靈（或心智）衝突性格，而這些不同型式的精神病理，也在所謂正常人身上都能看得到。

我認為這些說法對於先前討論的，正常和不正常的分野，是有打破的效果，因為觀察起來是「質」上有出現類似的精神病理，而有明顯差別的是這些精神病理的「量」的課題。但是這種說法是否會如先前所說的，將所有人都當作是「有病」？這必須先了解前文曾說過的，精神分析認為「症狀」是了解內在心智世界的門窗，這跟精神醫學將「症狀」視作有病要祛除的症狀，是有些潛在的不同。這是精神分和精神醫學對於「症狀」論點的差別所在。

根據佛洛伊德的說法，就算明天真的發現了歇斯底里

或強迫症的腦功能、基因或其它生物學的異常因素，這些發現不過只是替這些疾患的心理因素，添加另一線輔助的系列。堅持站在心理學和精神分析的立場，這是佛洛伊德所表達的訴求。

對於症狀，就算佛洛伊德的論點是不時修改，但這豐富了深度心理學對於人類心智功能的想像，「綜言之，佛洛伊德晚年所提倡的結構理論，對他早年的某些概念，提出了許多的修正、補充，無論是伊底帕斯情結、死亡的本能、結構理論（特別是超我中的自我理想）幾乎都和自戀的理論密切相關，但他對自戀中的自體與客體的關係、互動，以及自體如何形成的過程，著墨不多，在克萊恩及客體關係學派中，客體關係重要性才得以凸顯，死亡本能、伊底帕斯情結、自戀等等概念，也不再受限於零和（zero sum）的驅力（drive）模式。」（楊明敏著，克萊恩觀點下的男性特質──以佛洛伊德的個案「鼠人」為例，頁97，2002，五南出版社。）

至於精神分析和腦功能的辯論，可能帶來一些論戰，Daniel Widlocher 表示，如果比較藥物作用和心理治療作用，事實上，如果承認相同症狀可以經由這兩種方式而改變，我們就得承認那像是藥物濾網的神經元，不僅可因藥物直接作用在它們的連接處而改變，也能被心理治療造成的複雜訊息所處置。

但是這現象卻帶來有些荒謬的情況，如果這個假設被證實了，精神分析的反對者和擁護者，可能都會感到不舒

服。反對者的不舒服是，竟然心理治療真正的作用被證實（其實目前的文獻裡仍常被提及）；至於擁護者則擔心，藥物治療的強大競爭力。不過，他表示兩者都可以放心，因為縱然藥物治療和心理治療，都有牽涉到腦部功能，但是這兩種形式的作用，並不確定是相同的。

不過DSM-5受到的某些批評，在目前的日常實務裡，所謂源於身體因素的「器質性」，和源於心理社會壓力的「心因性」的論述，是否一定是這種二元論？當然有再思考的空間，不過我倒是喜歡引用，在「精神分析和精神用藥」這章的起頭，以下是他申論自己的立場。

精神分析所辨識和處理的那些心智狀態，為何我們仍堅持探討其可能的大腦運作機制呢？為何需要其中之一的知識，來保證另一種情況的可靠性呢？他舉了一個有趣的比喻，假設有人買了一本郵冊，另有人問對方買這本郵冊的動機和意義？這個人也有了某種解釋，但是我們能說，既然我們不知道神經元進行了什麼精彩把戲，讓他可以完成這些購買的動作並記憶起來，那麼是否可以說，沒有人可以否認他的說詞呢？

Daniel Widlöcher認為我們可以反駁精神分析師賦予某心智狀態或某種舉止的意義，但是這和否認該狀態和行為的大腦機制毫無關係。也就是，這是兩件事。他進一步表示，雖然大腦調節機制的知識日新月累，但重要的是，精神分析的有效性，並不仰賴大腦如何運作的知識的增加，並非它們是互斥的，這是兩種不同的東西。雖然我們相

信，每一心智事件都有其對應的大腦事件。

十‧物競天擇與適者生存的概念，直接運用在精神醫學裡

我認為目前除了生物學、基因學或腦科學的論述外，如果從心理學角度談論憂鬱所呈現的觀點，幾乎大都是圍繞在佛洛伊德《哀悼和憂鬱》（Mourning and Melancholia, 1917）裡的論點。這不是說佛洛伊德已經將憂鬱是什麼，說得完全清楚了，但他的論述的確開啟了值得再細想的心理學空間，而且在臨床運用上仍有它的有效性。

再引用Daniel Widlöcher的近代論點，來思索精神醫學診斷的課題。他表示從憂鬱症的研究裡，如果我們承認，心智層面和大腦層面是不同的作用層面，那麼兩者相輔相成的效果，這概念就更容易了解了。

我們都知道抗憂鬱症藥物在臨床上，的確有它的某些效果，不過這也無法抹煞，造成憂鬱狀態的精神動力因素的重要性。至於大家想像的二元分法，心因性的憂鬱症，或器質性的憂鬱症，他認為這種分法在臨床上是站不住腳的。他的觀察是不管是那一種原因，都會對藥物治療，也會對心理治療，或改變社會環境的方法起作用。

我舉Daniel Widlöcher的說法，並不是要合理化DSM-5，將親人過世後的哀傷和憂鬱，很早地下了憂鬱症的診斷，是否是可接受的課題？雖然也清楚DSM-5這麼做的重要假設是，有了精神科疾病診斷後，就可以「合法地」使用抗

憂鬱症藥物。因爲DSM-5對此項的修改，被質疑的是它的改變，過於介入一般人的日常生活。

這種觀點的改變也有精神科醫師覺得無妨，因爲這個意見本身所涉及的，不是科學本身的議題，而是精神醫學的界限要在何處？也就是，如果有診斷意味著不正常，就是所謂正常和不正常的界限課題了。

所謂正常和不正常的界限，不正常就是病嗎？精神醫學的確需要時時注意，避免不自覺或者自覺地甘願被有權力者，以病爲名來控制政敵或意見不同者，或者目前的社區預防裡，有所謂高危險群，例如把學生求助者名單，傳遞給下一個學校等。如果擴大精神醫學的診斷範圍，的確會帶來這些疑慮，雖然疑慮不必然等於事實，我認爲需要隨時將這種可能性掛在心上。

如果再被加上達爾文主義的論述，物競天擇與適者生存的概念，被直接運用在人的社會和精神醫學裡，變成了有精神科診斷就是有病，有病就是不適合生存的因素，變成需要被控制或被消除掉的對象。

雖然台灣的民主發展，現實上要回到這種極權式的操作不是那麼容易，但並不表示這不會以其它很隱微且不自覺的方式，影響著精神醫學在社會被運用的方式。這現象可見於當有突發重大隨機傷害事件時，總很快地被大家說成當事者曾有何種診斷，或者當事者馬上就以有精神病作爲理由。然後，最近曾看過當事者的精神科醫師，就變成了有沒有做好預防者的角色，而可能陷進被批評裡。

　　不論何種現象，都意味著我前述的疑慮，是需要保持警戒心的，這跟精神疾病診斷條例的定義和使用範圍有關。不僅在精神醫學界本身，一般大眾也有可能加進來助長這些矛盾，一如臨床上有人聽到自己被診斷憂鬱症時會極力抵抗，強調自己只是心情不好或身體不舒服，絕不是憂鬱症；而有些人卻是一直想要有這個診斷，並以憂鬱症的診斷說明自己的很多行為和問題，或主張他們這一輩子的問題都是源於這個診斷。

後語：

　　憂鬱是人類情感生活裡複雜的現象，一般大眾對於憂鬱症是什麼，也有眾多不同的觀點。我以精神疾病診斷的變化裡，對於哀悼和憂鬱之間的時間界限為切入點，親人過世後要多久後，才是一般哀悼和病理憂鬱的界限，談論精神分析和精神醫學之間的關係變化。

　　所有人的事件都有機會以大腦和基因學的知識來說明，如同Daniel Widlöcher的觀點，我主張的是精神分析的有效性，不需要腦科學和基因學來證明或推翻。甚至如果站在精神分析為主體的立場，腦科學和基因學知識是一種輔助的說明。這是兩件不同的東西，而不同就只是不同，不同（difference）不必然會造成困難（difficulty）。如果造成困難，要思索的是人的問題，而不必然是科學的問題。

劇　本

(另一種劇本：叫做內心戲的)

憂鬱的空洞裡，誰在沈睡？

她：約二十出頭的女性

她的媽媽：喜歡突然失蹤離家幾天或幾個星期

她的爸爸：喜歡無厘頭責打家人

我：一個喜歡聽人說話的女人

故事：

　　她的爸爸在很小的時候逃離家。她的媽媽在很小的時候逃離家。她的爸爸和她的媽媽後來在一起，為了有一個家。這個家是個防空洞，也是空洞。防空洞堅持古典不願長大，空洞卻會自己長大，直到擁擠得待不住……故事很簡單，只是人性太複雜。

　　佛洛伊德路過台灣，要尋找一個家，和川端康成擦身而過，佛洛伊德能嚴肅認真想些什麼嗎？

地點：

　　每個人都在現場，摸索佛洛伊德說的自我的空洞，各種白色構成的牆壁，阻隔著每個人之間的流動，可以在森林裡，在海灘上，在房間裡，在劇場後台……

第一幕第一景：她想說的話

很久很久以前，佛洛伊德這麼說過，在重要的照顧者過世後，一般是很傷感難過，但是一陣子後，就會覺得那個人離開了，自己會再度走下去。但是有些人卻變得自己被帶走了，不只是那個人離開人世，他們覺得自己也跟著走了。佛洛伊德說，那是因為自我裡留下一個空洞化般的陰影，自己也跟著不見了。

不過，她的故事卻顯示了，那個空洞不是一般的空洞陰影，也不是一般的陰影。那是什麼呢？難題就從這個地方開始，這是佛洛伊德說話的現實所呈現的侷限，他的侷限卻是她的開始。我只是事後聽到這些故事後，深怕有什麼重要的經驗會流失掉，因此就一直緊盯著這個現象。

她說：

我想，她一定完全不了解我的想法，才會在上次碰面時，跟我說她了解我。

這怎麼可能啊，我不過說了一點點，連皮毛都還沒有說出口呢。除非她真的這麼厲害，我在前一陣談自己心情不好，好像頭腦裡有個空洞時，說到川端康成是個老色迷，才會寫出《睡美人》這種故事。

　　她一定搞得懂，我偏偏就是被這個故事激活起來，不然，我早就眞的不在人世了。她一定以爲我是厭世的人，其實，根本不是她想的那樣子。從其它角度來說，我一點也不厭世，只是對於活著要幹嘛，唉，如果硬要說，活著要幹嘛，我後來找到的出路是，要塡滿佛洛伊德所談失落的陰影。

　　嗯，要塡滿那個陰影。

　　我這麼說，她一定知道，我要說的是什麼，因爲她就是搞這行，說的是這些行話，只是當我在場的時候，她卻根本不談這些。我只好從書裡努力地找出來，到底我在說什麼，或者她沒有說的是什麼？我說的佛洛伊德的陰影或空洞，是我自己看書看來的，但是當我知道，她會把我塞進那個空洞裡的說法後，我就極力的抵抗。

　　我就極力的抵抗。

　　每當她要說的話可能跟這有關，我就閉著耳朵，或者只是一直點頭，點得她知道我根本就是毫不同意，多麼神奇的同意，竟然可以因爲點頭的速度和長度，而變成完全相反的意思。

　　我發現只要我說得很空洞時，她就會被我激惹得想要說些話，好像怕我被自己說話所形成的空洞所淹沒了。我眞的很難形容，要說些什麼會形成這種空洞感？仔細想想，應該不是我說了什麼，而是當我在說些事情時，會留下更多沒有說出來的事情。這樣子，空洞就成形了，眞的很巧妙，這些技能是我跟她開始說話後，我才發現自己有這種

特殊技能。並不是和她說話時，我才有這種技能，而是我早就會了，只是以前不知道。和她說話後，我才發現自己有這種能耐，我說是能耐，但對她來說，應該是一個大問題吧。

因此她一直很想要我，把事情說得飽滿些，不然，我的說話方式是愈說就愈把我的人生過得愈來愈空空洞洞。我不是那麼在意有這種空洞啊，只是每次看她出力要說些話填滿那種空洞，我就覺得好笑。尤其是當我開始說《睡美人》的故事後，她變得更不安了，我可以輕易看出她的不安。但是，但是啊，她大概不會承認自己的不安。不過，我也沒興趣要跟她正面對抗，指出她的不安，如果我有嘗試這麼做，一定不是我刻意要那麼做的。

我就來談談《睡美人》吧。我的朋友都覺得這個故事好噁心，怎麼會有這麼噁心的故事啦。但是看見朋友的表情，反而讓我有了興奮的感覺，連腳趾頭都想要跳起來的感覺。我看了《睡美人》後，我覺得自己就是那些睡美人。唉，唉，竟有人興奮地說，扮演睡美人可以等待王子，這種等待是值得的。後來我告訴這位朋友說，我看的這個《睡美人》的故事，是吃安眠藥後睡著的少女，讓老人來陪著她們睡。川端康成的說法是，老人才是重點，是那些老人陪著她們睡。我覺得是先被餵藥睡著後的少女，陪著那些老人過夜。

我有個讓她很驚悚的想法。

我就是那些睡美人。我一直就是那些睡美人。如果跟

她說這個想法，一定會嚇壞她。因此我就一直沒有這麼說，但是我覺得自己的人生，真的就是那些陪老人睡覺的睡美人。其實，是不是美人，對我來說並不是很重要，硬說她們是美人，是有些造作了。她們是少女，這是重點，我要自己是少女，永遠的少女。不論是醒著或是睡著了，對我來說都是一樣的，都是睡著的，我是指佛洛伊德談憂鬱時的那個空洞，或者陰影。反正不論是空洞或陰影，對我來說都是一樣的啦，因為我都是那個睡著的少女，睡在那個空洞裡。

我這樣說，她是不會懂的，真的，我絕不相信她會懂得，那個空洞裡睡著的少女是什麼意思？如果我說那個失去後留下來的空洞，其實一點也不空洞，而是睡了不少像我這樣的睡美人，只是一直睡。睡著前，我知道等一下會有老男人來睡在我旁邊，老人覺得我在陪他們睡覺，度過漫長的夜晚，但是我知道是老人在陪我睡。這樣子說會不會太奇怪？算了，算了，我一直要自己不要管別人怎麼想。是不是太奇怪，是別人的事，我的人生只有自己能過啊。我何必管佛洛伊德在百年前，描寫和猜測憂鬱者的那個空洞，是怎麼樣的洞，或怎麼樣的陰影？反正，我覺得是有那個洞，也有那個陰影，但是我卻覺得自己就在裡頭，我是專指那個想要當睡美人的我在那裡頭。不過這麼形容好像怪怪的，我要再想一下，是這樣嗎？是我想要當睡美人嗎？是這樣子嗎？嗯，這麼說怪怪的，是那個睡美人，就是我。不是我想要當睡美人，沒有我要不要當的問題。

這麼說是很嚴重的說法，如果說是我想要當睡美人，那麼就還有改變的餘地。如果說那些睡美人就是我，這是一切都無法改變了，只要改變了，就不再是我了。我深刻記得，是這樣開始的。是這樣，旅館的女人囑咐一位叫做江口的老人，要他不要對少女惡作劇，而且不要把手指伸進睡著的少女嘴巴裡。好美的開場白，讓我在《睡美人》裡能夠安心的睡著，不會有人在我睡著時，將手指伸進我的嘴巴，是憂鬱令人難解的空洞。我不喜歡有人將手指伸進我的嘴巴裡，也許有人會認為這是高度象徵的說法，手指不再只是手指，嘴巴不再只是嘴巴。直接的說法就是，性啊。

算了，算了，我要節制一點，說我憂鬱心裡的那個空洞，是性，這鐵定被批評是亂說。雖然我年紀這麼大了，大概不會有人對我說，小孩子不要亂說話。因為我是大人了，但是我的心停在少女階段，旅館裡每晚昏睡的少女。那是一種高度的孤獨，不過算了，算了，我先不要使用孤獨這兩個字了。

孤獨是相當困難理解的字眼。

我甚至覺得，自己根本就毫無資格，說出孤獨這個兩字。沒有人會了解，我說出這兩個字，因為我只是含在嘴巴裡，從來沒有出口過。因此老人在我昏睡時，手指伸進我的嘴巴時，孤獨這兩個字，如果突然從我的嘴巴說出聲音，搞不好會嚇著老人心臟麻痺。

也可以說，我根本就沒有孤獨的權利。

有人知道嗎？當一個人不被允許有孤獨的權利，那是什麼樣的人生？我早就放棄問這個問題，那是對人生還有期待的人，才會問的問題，包括，關於是不是孤獨？我曾想過，在我睡著後，不再醒來，除非隔天的太陽曬進來，驚醒我，不然我是在昏睡的晚上，陪伴老人度過他們的孤獨。因此孤獨是他們的，不是我這個少女的。絕不是我刻意要推開孤獨這個字眼，真的，我毫無必要推開它。因為我是明明白白，知道我是讓孤獨在我身邊安睡的人，他們都是老人的模樣，或者至少走著如老人的步伐，那是他們的孤獨，我一點也不孤獨。或者說，我並沒有沾染到孤獨的氣味，但是我相信睡在我旁邊的是，無邊的孤獨。因此陪伴孤獨的人，會是孤獨嗎？我實在沒有必要替自己辯解，是不是孤獨的問題？可能我一直想要跟她解釋吧。

嗯，是這樣子。我是在跟她解釋，我不要她誤解我，因為她喜歡說，我是孤獨的。但我偏偏不這麼覺得，她對於我說自己的空洞裡，是自己的睡美人，其實她很難了解，甚至她覺得不可思議。我為什麼硬要把那個早就失去的時間空洞，說成是睡美人？不過，這只是一兩次吧。後來我覺得她根本不可能了解和體會，睡美人是什麼意思？甚至她覺得我太墮落了，怎麼會去做這種工作呢？唉，這不是工作，這是小說，日本小說家的小說，不是我的工作。

那是我內心空洞裡的人，不是工作，是我自己的空洞，就是睡美人。她說，我是失去了什麼，才會有空洞。這點，她是說對了，我是失去了媽媽，也失去了爸爸。但是心中

空洞,是跟佛洛伊德有關的內心空洞,不過,我對是不是佛洛伊德的空洞,並沒有太大的興趣。

後來,當我無意間讀到了川端康成的《睡美人》後,我終於了解,我是什麼?早就有人說過了。就是這個故事,才讓我看見自己,是為了明天早上可以活著醒過來,才會在前一天傍晚閉上眼睛。這是永遠無法被了解的,自己不是快樂,也不是悲傷,只是一種活著。我是睡美人,是少女的美夢,我是自己的乳頭周圍會滲出血的情人,雖然我一點也不喜歡有夢出現,那讓我的人生變得多餘。

第一幕第二景:失去前的媽媽在說話

佛洛伊德有些話沒說完,由別人來說就會更到位。
這個時候,佛洛伊德只有仔細聆聽的份,不論,
他是不是還活著。

她媽媽說:

我不了解她。

她只會說我恨她。這是她執意堅持的,好像沒有恨我,她就無法活下去。但是因為她這樣,我就不能有我的恨意嗎?難道,只因為她說,我恨她,因此她所有問題都來自於我恨她?我就不能對人有恨意嗎?真的是這樣子嗎,何

況，就算是我曾經恨過她，那也是很久很久以前的事了。

她也認為是很久以前的事了。

我能夠怎麼辦？我現在再千百次的道歉，會有用嗎？她就不再認為我曾經恨過她了嗎？何況，我都不是很確定，我真的有如她所說的那麼恨她嗎？我不確定，雖然自從有一天，她回家後就對我說，我是恨她的。她還說，以前都不敢對我說，直到她開始找人談後，她才敢對我開口。後來幾乎只要我們碰面，她就這麼說，好像我一定要吞下她的說詞，要承認我是恨她的，而且恨得很深很深。她舉了很多例子，起初，從我故意不讓她吃飽，到後來連我是否跟她揮手招呼，都是恨意了。反正說到最後，所有我所做的，和我沒有做的，都是我恨她。

我需要那麼恨她嗎？就算我曾經說過，她是出生來找我麻煩的人。如果她不出生，我就可以做我想做的任何事。但是，這些話有那麼嚴重嗎？我並沒有常常跟她這麼說啊。不過說個一兩句，她就把我說成，我是恨她的，而且我的恨是她現在所有問題的原因。她現在會出現的所有問題，都是我曾經恨她。如果真有那種恨，能夠收回來嗎？就算能夠回收當年的恨意，去哪裡回收呢？回到從前嗎？不，不要，我絕對不想再回到從前，那是痛苦的日子。我絕對不想再回去，現在，連回頭想到往事，心頭都是蒙上一層酸澀。我最好不要真的問這個問題，如果讓她知道，有這種可能，到從前回收恨意，她一定要求我這麼做。如果我拒絕，她又加了一條證據來怪罪我，是真的恨她，才會不

想回頭，向過去收回恨意。

　　我還記得，那一天，她回到家，一臉的臭氣沖天模樣，好像我欠了她一輩子。她大聲罵我，說她跟人深談後，才發現自己會落得沒有任何朋友，都是我害的，都是我曾經恨過她。我還以為她是開玩笑，我就回應，最好啦，我的恨意有那麼厲害，能夠影響你那麼多，連你的朋友都會受到那恨意的威力。她生氣地回我說，都是你害的啦，然後又說了一些奇怪的話。例如，她是睡美人。我還以為她是想男人想瘋了，自以為是睡美人，在等待男人來吻她。真是奇怪的女孩，只沈浸在自己的世界裡。哪有什麼睡美人？不過是童話，她真的那麼相信，這才是她交不到朋友的原因，怎麼可以怪我曾經恨她呢？

　　如果一個人一直是這樣找麻煩，能夠讓人不恨她嗎？

　　她一直在激我，讓我說出我恨她。要藉著我現在說出，我恨她，來證明我曾經恨過她。我真的沒有那麼恨她，真的沒有那麼恨她啊。她後來每天這麼說，以各種方式來激怒我，我怎麼會知道，她為什麼這麼恨我呢？就算我一度離開她。那也不是恨她，是她爸爸太過份了，我只好短暫離開這個家。我可是飽受煎熬，才會這麼做的啊。

　　那不過半年多，她也還那麼小，怎麼會記得這些事呢？我也是不得已啊。如果不離開，我根本就活不下去啊。我就要死掉了，我不知道幹嘛活在這個世界上，這是多麼奇怪的世界啊，整個世界空空洞洞，都不是我容身的地方。我容身的地方，要有花花綠綠的野草，野花，還有一條小

河。不必是很大的地方，這麼期待難道有錯嗎？這只是一個小小的期待，我卻活在很廣闊的空洞裡，什麼都沒有的空洞，只有我的心跳聲，不是鳥叫的聲音。

我不需要聽見自己的心跳聲。我不需要在大白天還要被提醒，我還活著。

心跳聲，卻要跟我作對。這是什麼世界啊，連我摸自己的乳房入睡，都會變成空洞裡的回聲。她能想像，那是什麼樣的日子嗎？只能摸著自己腫脹的乳房，入睡，然後就發現，世界變成一個大空洞，卻不斷地迴響著，我撫摸自己的聲音。那不是愉悅的事情，我不是為了愉快啊。只是為了確定，這個空洞的世界裡，還有一些感覺存在。

我只要一點點存在的感覺。過份嗎？誰說這過份，就請他們來過過看。唉，算了，我不想再怪任何人了。這是沒有人可以了解的事，有誰能了解？周遭有人走來走去，卻覺得每個人都很遙遠。我，如果大叫，也不會有人聽得見，不會有人回應我的呼叫。我只不過是希望，有人可以回應一下，甚至是罵我也沒關係。回應的聲音卻只有自己的呼吸聲，我也不知道為什麼，會想要摸自己的乳房，配上呻吟聲？我想要聽聽，有什麼聲音會傳回來，從空洞的廣闊回音裡，回來，卻只是無力下墜的，模糊聲音。

直到有一天。

我突然發現，回聲裡，夾雜著嬰兒哭聲。我摸乳房的聲音，怎麼會有嬰兒哭聲的迴響呢？我大叫，要蓋過嬰兒哭聲。從空洞裡回來的聲音，只是嬰兒更大的哭聲。我再

大叫三聲，回音仍是嬰兒哭聲。直到我再大力地喊叫，我恨你，然後聲音突然不見了。空洞裡來來回回的是，安安靜靜。過了一會兒吧，才突然傳來回聲，我恨你。

不是我的聲音，是嬰兒的聲音，太奇怪了，真不可思議，怎麼會有嬰兒說得出，我恨你，這三個字呢？後來，我就不曾再說出口了，我恨你，這三個字變成了火把，不再是聲音。連我也不想再聽見這三個字的聲音了，我不能這麼說，甚至連想也不要想了，但是這把火卻一度讓我要一直摸著自己的乳房，才能好好睡覺，睡在一個空曠無邊的大空洞裡，睡著的人一度是美麗的女人。

後來，都走樣了

一切都走樣了，我幾乎不再叫自己的名字了，我的名字不再是名字，更不是屬於我的名字。有沒有名字，有沒有自己，已經不重要了。甚至可以說，重不重要，也不再是需要判斷了。我只是過著日子，愛和恨都不見了，就只是睡著了的一個人。我現在強調一個人，是現在這麼想，在當時是什麼都沒有的那種一個人。就像吃東西會進到胃裡，那時候連胃的感覺都沒有了。

外頭的世界很多人，很擁擠，我就是不見了。既然我不見了，也就不需要再多說話了，失去名字的人，說話，都是多餘的聲音，呻吟聲，也是多餘的。沒有恨，愛也不見了，只覺得外頭很擁擠。我如果想要跟他們擠，至少也要有自己存在，但是連自己都不見了，外頭是吵雜的，可以擠碎所有東西。有時候我突然覺得自己很空曠，每個人

都可以走進我的空曠。但是他們很快就消失了，消失在我的空曠，那種空曠竟然可以吞沒所有走進來的人影。甚至自己也會被吞噬掉，不知道後來他們都還去了什麼地方？不可能憑空消失。就是憑空消失了，消失在我的空曠裡，唯有那種空曠感，才是我僅有的。我後來才知道，自己僅有的，就是那種空曠，大到可以吞噬所有事物，連自己，也被這種空曠吞下去了。

我很難相信有人會了解。

我在說什麼？我只是無病呻吟？我不知道那是不是病，但是連呻吟都會被那種空曠吞掉，偏偏有時候知道那種空曠是自己，如果完全都不知道就算了，卻留下這種感覺，是知道的，是屬於自己的。每個人都可以踩扁我，都可以罵我的不是，雖然他們可能不知道，我不會因為他們的責罵或踩踏，我就會覺得傷心。我根本就不會覺得傷心，那些踩踏和責罵聲，有些時候，進來我的空曠後就突然消失了。這才是最大的寂寞，最大的驚恐。

我不知道空曠的場地，曾如何表現它的驚恐？我只記得，再度從這種寂寞裡醒過來時，我是手摸著自己的乳房。我不知道該如何解釋自己？那是我刺激自己，讓自己沒有完全被自己的空曠吞沒的原因嗎？有誰會相信這種說法？我最後是以撫摸自己的乳房，讓自己沒有被淹沒在，比死掉還要寂寞的空曠裡，從空曠裡走出來。我不能說這是一種方式，因為我不是刻意那麼做。

甚至是不是這樣子，我也無法確定。我只是發現自己

醒過來時，自己的姿勢，雖然只是一瞬間，其他人可能看不出來，我的手突然快速地移動，從乳房的位置移開。人們可能只看見了我的手的移動，就說我已經回來了，是我回來了。但是那種比死還要空曠的寂寞，不曾再消失過。每當我要想像那是什麼時，腦海裡卻只是一片空白。

這種空白，被一層紗遮住了，它想要遮住自己，不想讓我再看見時間。

第一幕第三景：：她的爸爸在說話

不是一定要把佛洛伊德放在心上。甚至可以不屑他的說法，雖然有時候談到了某些想法，是有種刺在心上的感覺，心頭裡有什麼被揪出來，想要趕緊找到地方藏起來。其實，早就在自己的堡壘裡了，這些堡壘都是以背景的方式存在著，是舞台上必要的背景。沒有這些堡壘當作背景，人是無法存在的，或者存在的就不再是人。

她爸爸說：

不要管我做的工作是什麼？

我每天一定要找時間坐下來，寫字，就只是寫字，寫在紙上，寫完了，就把紙搓揉掉。反正我做的不是很重要

的工作，隨時可以有人取代我。我只要能守住這個位置就不錯了，不要說我缺乏理想，我的理想以前曾經很具體，我埋頭，一直埋頭，要往那個方向鑽。

我現在終於知道，裡頭空空的。

只有我自己的回聲，催促自己往前走的回聲，像海浪，拍打沙灘的聲音。我卻一點也不覺得，那是美麗的事。她曾經很嚴肅說，她就是睡美人，我並不在意，我早就不知道，她的小小腦袋裡裝了哪些幻想？

她很少叫我爸爸。她媽媽更把我當作空氣，空氣總是存在空曠的地方，這句話太幽默了，太難以了解了，空氣無所不在，卻不被當作存在。這是我的存在主義在說話，唉，太高調了，跟存在主義有什麼關係呢？我只不過想有個立足的地方，大部分時間卻只能單腳站立，腳酸了，要換腳時還要動作夠快，不然就沒有立足的地方。

嗯，我說得太抽象了。我知道，但是要我怎麼說呢？如果說到眼前具體的事情，我一定馬上陷進爭執裡，永無止盡的爭執，只要一被啟動，來自古老時代的爭執，就翻身到我眼前，一副就是要沒完沒了，永遠沒有盡頭的樣子。

竟有宣稱朋友的人說，那是另一種希望啊。眼前的爭執可以一眼就看見未來十年，二十年，三十年，都會是相同的爭執。只是爭執的話題就無法預測了，我無法預測三十年後會發生什麼事？但是我幾乎可以預測，三十年後，會在某件我認為不重要的事上，突然她媽媽會跟我衝突。

唉，生活裡大部分是不重要的事情構成的啊。這才是難題啊，不是嗎？都是在不重要的事情上惹起衝突。

我還有另一個幽默。我不是東西，這句話就看背景是什麼，我當然不是東西，也有自己想說的背景。這兩個背景卻是永遠分開，在幾百年前就約好，永遠不再見面的背景。反而是說話時的背景，決定我不是東西的真正意義。我的真實狀況是怎麼樣，就漸漸變得不是那麼重要了，何況我的真實狀況是什麼，只有我在意吧？久而久之，我也跟著認為不重要了，雖然說話時，會突然出現的其它事，才是構成背景的基礎，然後我不是東西的定義，就在那時候被定了下來。我做或不做什麼，根本都是不重要的事，難道只因為我是不重要的人嗎？但是我是先生，我是爸爸，我怎麼會不重要呢？至於在工作上，我是不那麼重要，但這並不是說我就會認為自己不重要啊。

我從來不認為自己不重要。

雖然從來沒有人認為我是重要的，如果有，只在初認識她媽媽的頭幾天。很快的我就不再是那麼重要了，我一直喜歡用這個詞「那麼」，放在重要的事情前面，就表示只是不是那麼重要，而不是完全的不重要。雖然我也不清楚，就算我這麼認為，在我的工作和家裡，情況是一樣的。我真的很想說一些具體的生活事件，來說明我的遭遇，一些朋友都說，我把事情說得太抽象了。好像我不是生活在由瑣碎的事所構成的日常生活裡。

對我來說，日常生活太複雜了。

　　要說是太簡單也可以，反正一天過一天，後來就漸漸覺得，那不是自己的日子，不是自己過的日子，也不是為他人過的日子。我已經不再有為別人過日子的想法了，想不起是什麼時候的事了，也許跟她媽媽離開有關吧。這是找出原因嗎？我這麼說有什麼用嗎？這根本不是疑問句，早就是肯定句，沒有用的。她媽媽只說了一句話，我恨你，就消失不見了，她偶爾來電告訴我，說她媽媽依然恨著我。我曾經想問，她恨我嗎？但我始終不曾開口問。

　　我害怕聽到答案，說她也恨我嗎？唉，她永遠站在她媽媽那邊，當然會恨我。還要我開口問她嗎？她也不曾這麼說，這個疑惑就變成一個殘忍的結，有時緊縮，讓我的心幾乎要被趕出它所在的地方。它就一直大力地跳著，跟我求救，要我出力留住它，讓它留在我的胸腔裡。我不曾想要趕走它啊。怎麼連心跳得要被擠出胸腔，也是我要趕走它呢？我要這一切都繼續留在原來的地方。不過，都一個一個走掉了，只有我的回聲不斷地冒出來，讓我記得曾經走過的日子。但是知道從前的日子要做什麼呢？

　　我不過要她好好看清楚眼前的每一件事，踏出的每一步，都要謹慎小心。她說不知道我的意思，就算是媽媽不愛我，她還是愛我的。我根本不懂她說這些是什麼意思？不管愛或恨，都無法幫上我的忙，我要的只是在我白天出門工作時，可以做著自己想要做的事。雖然那是什麼事，現在我已經不清楚，以前很清楚，但是後來發現，以前想要做的，都不是我要做的事。

我沒時間管什麼愛和恨。

她媽媽曾經每天追著我，要我給愛，不然就要恨我一輩子。我問她媽媽，那是指什麼，請說清楚。她媽媽說了老半天，卻始終說不清楚。也不是說不清楚，而是說得每件事都是可以有愛，但是我卻不願給這句話。我不曾了解，就算現在已經過了那麼久了，我的回聲裡，也聽不出什麼答案，可以來回答這個問題。

她媽媽還是離開了。我沒有留她，她媽媽也沒有要留她，應該說是留什麼，留不留差別在哪裡呢？當做什麼和不做什麼，是一樣的結果時，留或不留，也是相同的事了。我這麼說，不是表示我知道發生什麼事，我從頭至尾都不知道到底她媽媽在想什麼？我不知道，我是在天堂，或在地獄？甚至可以說，在天堂和地獄是相同的事吧。她媽媽和她就是這樣子，我不知道她們是天堂，或是地獄，我只是每天過著日子，自己的日子，或者是別人的日子。我連自己的日子，或別人的日子，都混在一起了。

是天堂或地獄，有那麼重要嗎？

她媽媽還是走了，問我要不要留她？我沒有說話，不知道要說什麼話，嘴巴裡真的沒有停留任何話語。我甚至懷疑，這是問題嗎？再多說什麼有用嗎？不過我甚至早就不想，是不是有用的問題，而是能再說什麼？長久以來，每句話都是衝突的起源，說話只是變成添加柴火。

為什麼人和人之間還要說話呢？

默默過日子，也是過日子啊。何必一定要開口說話，

不過很快地不說話也變成了關係起火的燃料。這是令我相當困惑的事情，竟然沈默也變成是催化衝突的緣由，不論如何，在生活裡是這樣子發生了，來不及知道怎麼回事前，就這樣子發生了。雖然我是一直想要保持著寧靜的日子，自小從來沒有在安靜裡度過一分一秒。直到有一天，我夜半逃離了叫做「家」的地方。

那天晚上，是我這輩子經歷過，最安靜的時候。

我就只活在那夜的安靜，或者可以說已經死在安靜裡了，也許有人會覺得，我如果這麼說是好笑的，後來的不安靜都是吵死了人。那個晚上，我走在鄉村的田埂上，稻子剛收割，有紅豆植株從被割下的稻禾根部旁長出小苗，有些稻田要休耕，因此只有四處裸露的稻禾根部，留在凹陷的坑旁。那些凹陷的坑洞，是種下秧苗的早期，農人們跪在稻苗之間，摸索拔除雜草時所留下的坑洞。在後期乾燥的田地，就一個坑一個坑地留在稻梗之間，我曾經坐在田地裡一陣子，我不知道要走去哪裡，只想到要離開那個地方。我看著那些凹陷的坑洞，收割後才裸露出來的田地，雖然它們早就存在那裡了。

我不知道為什麼一直忘不了，村子裡收割後，一田接一田的情景。尤其是那些凹陷的坑洞，不過也不能說，我一直記得這場景。這是十幾年後的某天，我才突然再想起這些景象，想起自己當年逃離家的午夜。我是那凹陷的坑洞，而美麗金黃的稻子已經被人收割走了，只留下那些坑洞，在午夜月亮的照光下變得荒涼。我走過了村子最邊緣

的田地，用兩束立起來的稻禾，拆開後，鋪在坑洞的田間當床鋪。再用另一綑沒有打散開的稻束，蓋在身上睡了一會兒。天未明前，我醒來就沿著三米路一直走，離開那個地方。後來，我就不曾再碰過稻梗了，我一度以為已經忘記了，那個晚上所看見的一大片收割後田地的坑坑洞洞。

那一年，我虛歲是八歲過兩天，實歲是六歲多（晚報戶口）。我逃離家，為了上學校讀書寫字。

第二幕第一景：失去後的媽媽在說話

佛洛伊德的不足，就是我們能夠穩健踏足的地方。
感謝他留下了不足的地方，就算是一道小細縫，
也要把它看成一片人性寬闊的草原。

她媽媽說：

我不知道要對誰說話了？

讓我想一下，我不知道為什麼要說話，原本不想再說話了，才會走上這條路。我覺得只要我不在了，她就會知道我是多麼重要，她就不會老是說，我是讓她一輩子抬不起頭的人。我能怎麼辦？她這麼堅持，只要一見面，她就這麼說，愈說愈堅定，變成那就是最後的樣板了。能修改的

是加強那些線條的邊緣，但是愈加強線條，卻是分割得愈清晰，讓我愈看不清楚自己。這種說法讓聽我說的人覺得，我怎麼說這種矛盾難解的話，其實這種感覺具體得讓我不必太費心力，就可以自然地這麼說。

最後，是無法再煞車的感覺了。我的一生已經滑進了，無法回頭的模樣，不是年紀，而是當我想要調整跟她說話的方式時，只要我有這個想法，我卻馬上就跟她爭論起來。就算我在爭論過程，想到要停下來，覺得沒必要再在這種循環裡了，這些提醒在當時都是失效的。甚至，不但無法有效的讓我停下跟她爭論，反而變成了添加油料般，讓我的口氣更嚴峻，更陡峭。聲音一路往上爬，完全超過我想要嚇阻它，慢下來，都沒有用，真的，沒有用。

有時就算我溫和想著，終於沒有什麼事可以讓我心煩了。我應該可以跟她好好說下一句話，一句話就好了。但是當第一個字的發音還未完成，第二個字就急著要從舌頭根部擠出來，讓第一字的聲音覺得不太愉快吧。第一個字就故意擠在嘴巴的門口，硬是不讓第二個字超過它來發出聲音。兩個聲音很快就交戰起來了，使得真正從我的嘴巴裡突然蹦出來的話，變成了帶有威脅和不滿的口氣。就算是要說溫和的話，在這種口氣裡很快的一切都變調了。

我只能眼睜睜看著她，在我的話說出口後，她馬上變臉，要把我說出口的話塞回我嘴巴的模樣。我永遠記得她這種嘴臉，她原本對於我說的話，頂多就是閉起嘴巴，生著悶悶的氣。在她滿七歲要開始上小學的前一天，我問她，

是不是要跟我離家？我會帶她到一個不會有壓力的地方，她就可以過快樂的日子，不會活在莫名被威脅裡。她堅持不肯跟我走，我催促她告訴我，爲什麼不想跟我離開？她就是不說話，我一直逼問她，爲什麼不跟我離開這個沒有希望的地方，被說是個家，卻是沒有希望的氣息。

我永遠記得，她開口說話前的嘴臉。臉部漲紅，從脖子開始，往上直到額頭。我第一次仔細看著她的額頭，肌肉扭動，從右邊嘴巴開始抽動，沿著嘴唇到左邊嘴角。整個嘴巴都抖動了起來，臉頰肌肉也抖動起來，左右兩頰都同時啓動，兩邊不一致，使得臉往左邊稍微傾斜，整張臉就要倒下來。就在臉要倒下來的瞬間，她的嘴巴蹦出聲音，大聲地說，「妳去死吧」，接著說，「我不跟妳走，我要留下來，上小學，讀書，寫字。」她的嘴臉才不再抖動，很快就恢復了平時模樣，好像剛剛的事情不曾發生過：我沒有要求她跟我離開家，她也沒有說出那些話？

只有我自己離開那個家。

她看著我離開，她低聲說，她明天就要上學了，她要好好讀書，識字，寫字，要寫世界上最漂亮的字。我有低聲回應她，寫字又不能當飯吃。我就這樣孤獨地離開家，那瞬間，我告訴自己，這裡不是家，一直不是家。我卻是在要離開的時候，才突然覺得是這樣子，我是帶著這種困惑離開的，離開不再覺得是家的地方，我因此完全消失了。雖然我起初是一心一意，要離開家，出去找自己想要的家和自己。但是才剛離家沒幾步，我就覺得自己消失了。

很奇怪很難形容的感覺。自己怎麼會消失呢？我走到火車站前，幾乎是空白狀態，到現在仍無法回想起來，我是如何走到火車站？我走進火車站，我是另一個人了，是我不認識的人。從此，我走著完全是自己不認識的人的日子。還是一天一天過，這真的很怪異。我是說，過日子這件事，竟然可以這樣子。有人說，是解離，但是我並不這麼想，我是走進了自己所形成的空洞裡。我後來所做的任何事情，都是空洞在做的事情，但是很難說這個空洞是自己，或是自己的，因為自己已經不見了。

我一度生氣地以為是，她不願跟我一起走，寧願在她爸爸那裡，只為了可以讀書寫字，讓我覺得當年把她帶大，根本就是白費力氣。但是，是這樣嗎？尤其是後來看見她，她也不理會她爸爸，甚至不那麼在意她自己了。我才知道，當初就算帶她走，我也早晚走進自己的空洞裡。就算是我將空洞的四周，塗上可以反光，可以看見自己一舉一動的材料，我仍是看不見自己。我已經不厭其煩地說了好幾次了，我是空洞。我真的了解這是什麼意思嗎？像火車站吧，我知道有人以這個說法，表達了人的來來去去，不過對我來說，火車站不只是這個意思。

她的出生更像是火車，我只覺得她是來來去去的人。

當她大哭時，我就知道火車進站了。那不是我要坐的火車，我甚至只是要坐在火車站裡，並沒有要去什麼地方。我不需要去任何地方，那是沒有意義的。我不需要去別的地方，就只是在這個火車站。不過，我提醒大家，我說的

火車站只是比喻，雖然只是比喻，卻是我生活的實景。我一直是這麼覺得，我就是在火車站裡。她雖然是我的女兒，我卻始終覺得，她是火車。她在等待我，上她的火車吧。我不想再去任何地方，我只要安靜待在原地就好了。我喜歡看見，有人來來去去，陌生人，我不想要有熟悉的人，來打招呼。我沒力氣，也沒有興趣和別人多談談，尤其是別人問我，最近怎麼樣？我根本無法回答這個問題。

　　如果我回答說，每個走來走去的人，不論男男女女，都很性感。大家一定聽不懂我的話。怎麼一個宣稱自己是空洞的人，卻還會覺得來來去去的人都很性感？這是什麼意思？我只能說，我需要那種感覺，讓自己可以一直待在那裡。後來我一度覺得，自己是在等待某個人，或某些人，但是隔一陣子，就覺得我沒有在等待任何人。或者說，等待的任何人都不是我要等待的人。我應該是有在等待什麼，不過，沒有等待果陀那麼深奧就是了。我不太懂等待果陀，但是我應該是有在等待什麼吧？

　　如果沒有在等待什麼，我的人生，怎麼是這樣子呢？

　　現在，已經不在火車站了，我才明白了一些事情。在那裡等，不是我去找別人，是很多別人不停地在我身旁，走來走去。大部分時候，我無法容忍沒有人在旁邊，走來走去，最好都是陌生人。我可以區分不同的陌生人，和我的深淺關係，我不想和他們說話，只想靜靜看著人，等待人，或者不等待任何事和人。

　　這不是什麼高的境界，我一點也不高超，連在地上爬

都談不上，真的。我甚至覺得自己是多餘的人。一直在等待，可以讓我再回來作為人吧。如果可以，我會多說幾句話，讓別人可以了解我。算了，算了，不要再這麼想了。我仍舊會喜歡，一個人，在人來人往的地方一直等待著什麼的模樣。我早就知道，我的等待沒有什麼價值，這從她後來不理會我，就可以知道，我的等待原本就是錯誤的。

但是，我必須等等自己，看著陌生人經過眼前，我不想跟對方打招呼。我只是要知道，有人在旁邊，有人在旁邊就好了。這是我唯一明確的希望，但是他們最好是陌生人，只要看我一眼，就改看其它地方，不要一直盯著我看，嗯，是我這輩子曾有的期待……

第二幕第二景：自我的空洞在說話

「也就是說，他們無法看到或聽到別人了，別人也無法看到或聽到他們。他們都被禁閉在自己主觀的單一經驗裡，如果相同經驗複製過無數次，它就會一直是單一性的。當人們只從一個面向看它，而它只能以單一觀點外顯出來，那麼共同世界的末日就會到來。」漢娜·鄂蘭這麼說過。我是佛洛伊德所說的重要的人，離開後所留下來的陰影或空洞，終於有一天，我需要替自己說，自己是什麼？因為我不希望，自己是走向末日……

　　我走進自己的空洞裡。

　　那是在多年生活裡打拼出來的，原以爲是活潑的日常生活裡的微笑，或者是帶著蜜意的傷感，回頭，卻發現微笑和傷感，走相反的方向，進了另一邊，只是空空洞洞。原本只是我的小部分，竟然愈來愈大，我反而被折進去裡頭，不是我內心有空洞，是一個不再屬於我的空洞，在我的心中擴大成，可以把我裝進去。我忘了，是我自己跳進去，或是我被推進去，直到有一天，連我在空洞裡頭的說法，都不再是實情了，因爲那個空洞是一切。

　　我是她內心的空洞。不過，那只是剛開始的說法，不需要太久的時間，空洞就會佔滿整個她。她掙扎著，每次掙扎時，就會出現和她先生和女兒爭論，每爭吵一次，就流失了更多的她自己。我好像愈來愈擴大，那種速度連我都很驚訝，人是可以這樣子，讓自己輕易的不見了。自己把自己丟掉，卻是一點也無法自覺，是無法自覺的過程，就自己把自己出賣了。雖然每次出賣自己，也算是背叛自己。後來每經過一次衝突，能被出賣，被背叛的，屬於她自己的部分，也愈來愈少了。

　　雖然愈來愈少了，自己卻是愈來愈激烈，我是事後才慢慢知道，原來是不想消失不見的自己做著最後的掙扎。

　　我依然難以了解，明明就是不想要消失而以爭執和不滿作爲掙扎的方式，結果卻是相反，讓留下的自己，變得愈來愈稀薄，因而下一次證明自己的方式，就是更出力地拉扯，乍看是和她先生以及女兒在拉扯，要他們抓住她，

但是相互間卻愈推愈遠，直到後來，雙方隔著遙遠的距離，還是維持著隨時可以讓爭執的話語從舌頭的下方跑出來，將對方推向更遙遠的地方。

我只能眼睜睜看著她，出力讓自己枯萎的方式。多麼奇怪的事情啊，那些出力的掙扎，為了讓對方可以看見自己，只要對方有看見這些掙扎背後的心思，她每次的出力，就不會只讓自己消失一些些，但是她先生和女兒的回應，以同樣激烈的火花，或者冷漠，讓她的掙扎的心思，無法因為被看見，而獲得力氣，不讓自己消失掉。然後她就愈掙扎，要有自己的空間，但是她也背叛了自己，在找不到她要的人的眼光後，她對自己也閉起眼睛，不正視自己。一個人看不見自己的時候，還剩下什麼呢？反正就是閉起眼睛，把僅剩的力氣再花掉一些。

在蛛絲馬跡還不是真正事件時，她就對著生活上的蛛絲馬跡開戰了。

愈來愈不可思議，我的空間不斷的擴大。直到她的聲音，原本在她以為是自己的空洞裡，不斷地迴響，回聲讓她覺得自己還有存在。直到後來，她連覺得這個空洞是她的內心空洞，都無法這麼說了，使得這個原本是屬於她的空洞，最終變成跟她無關了。

她完全消失了，只剩下完全的空洞裡的我，並不是她枯萎後只留下空洞的我。我原本以為自己是她枯萎後，我才能出現，開口說話，就這樣子，我等著，我只能等待，到她慢慢地讓自己消失了。我曾經想要伸手，伸腳，看能

否把她擠出我的空洞。但是我無法觸及到她，雖然她認為我是她的一部分，是那個沒有用的部分。

我卻被怪罪，是讓她生活不再有樂趣的空洞。她丟了很多刺激的故事進來我的空洞。那些故事很快就變得只是零零散散的尾聲，每句話的前半部聲音都不見了。只留下一直往下墜的尾音，好零散的故事，我不知道她為什麼是難過日子，好像有什麼人可以抓住她，就把她抓住，然後丟進我的空洞裡。好像她已經跟自己是無關的人了，然後她丟進來的那個人，掙扎著要和她接近。

這時候，我才知道，原來從我的空洞，到她那裡，可是要耗盡力氣的。然後沒多久，那個人就消失了。我可以感受到那人離開前，踢著我的空洞時的恨意，讓我的空洞裡留下，一個接著另一個的恨意。

對我來說，愛和恨的意義，都是相同，都會讓我的空洞掀起風波。我被遠遠隔在愛和恨之外，我見證過，她來來去去的愛和恨。這種見證是間接的，我只能透過，被她丟進我的空洞裡的人的愛和恨，知道那種交織不是三言兩語說得清楚。就像她和那些人的裸體相對時，我無法分清楚那是愛或恨？在某個瞬間，那是不需要的區分，區分是為了其它目的，不是為了表面上的愛和恨。反正，我的空洞裡的回音，是類似的嘶吼和呻吟聲。

我的空洞是裸體嗎？

為什麼突然蹦出這個問題，我的空洞是否裸體，是重要的事嗎？我的疑問累積了太多愛和恨。她的呻吟聲，我

不能說那是淫蕩，的確是令我感到心酸。那種心酸無關愛和恨，是更深沈的心情，愛和恨是表淺的情感，我的空洞等到她的半輩子後，才知道原來我一點也不是空洞，是滿滿的心情，等待的心情。

我需要花些力氣，才能說清楚，何以我覺得自己是一種等待的心情？如果有人靠著窗等待，出遠門卻還沒有回來的人，那麼我能做什麼呢？我一直在靠窗的人的心中，但是我其實不只在別人的心中，我更一直在她的災難裡。她生活裡的每項災難，都是我看得清楚的我自己，不是我的影子。也許可以勉強說，我的影子一直留在她心中，我卻是隨時出現在她的周遭，她一直要趕我走，要忘記我。

起初，我真的擔心她會忘記我。我怎麼辦？佛洛伊德說，我是影子，但是我偏偏不只是影子。這是當年佛洛伊德還沒有看清楚的地方，他只是在匆忙裡先說，我是影子或空洞。後來，我才確定她根本不可能忘記我。我是一直存在著，隨時出現在她的生活裡，甚至她兩眼無神地撫摸著自己的乳房，卻難以呻吟的情況，看得我都覺得好殘忍。把我留下來，獨守著她想記起來卻早就走遠的事情。例如，愛是什麼？只能是疑問的形式了，因為經歷了記憶後來再忘記，再記起來再忘記。在記憶和忘記裡，它早就變形了，甚至連愛都難以跟恨區分了。但是說是恨，卻又全然不會覺得，那是恨意。

對我來說，區分什麼是愛，什麼是恨，是多餘的。曾經半夜起床時，突然記起當初的某一聲咳嗽後，就一直在

等待著第二聲。終究不曾再出現過，第二聲，但是每次我都只在夜半時，聽到一聲咳嗽，後來，我才知道那只是等待的意思，不是真正的咳嗽。我還是喜歡咳嗽聲，就算不再被叫作咳嗽，也無妨。它是聲音，很性感的聲音。我不知這麼說對不對？它的確挑起我異樣的性欲。

也許我不該說太多這方面的事，不然會惹來責備。雖然對我來說，我已經很難區分什麼是責備的聲音，因為所有聲音都會挑起久藏的欲望，一種無法說清楚的欲望。當年佛洛伊德可能漏說了，不知是他忘記了，或沒有想到，或者是他在其它地方已經被批評得太厲害了，因此就把我這個陰影，說成我只是被拋棄的影子，卻還一直伸手往空中，想要捉住什麼。他這麼說後，就讓我一直留在空洞感裡，我重複問著自己，我是什麼？至少，這個疑問重新出現，讓我可以再問一個重要問題，我就是佛洛伊德說的空洞或陰影？想要再想一下，自己是什麼？希望有人可以了解，我為什麼要問這個問題。

第二幕第　景：我想對她說的話

原本是終年常青樹的紅色果實，零零落落，掉下來，木賀彎身，撿起一顆果實，把它放在指縫間。一邊玩著果實，一邊談這個秘密之家的故事。很

久以前的故事，但永遠就在眼前掉落下來，零零
落落……

我說：

悲劇人生的故事，都是從悲劇開始，很少有例外吧。

這麼說卻顯得毫無價值了，這就是人生，偏偏我無法
一開始就替你下人生的定義。你從川端康成的《睡美人》
開始談自己的故事。如果要簡化的說，那是你要讓自己一
直在昏睡狀態裡，讓老人任意撫摸。川端康成在《睡美
人》裡，是對於老人表達很深厚的哀傷，這種哀傷卻需要
藉著和年輕女孩一起睡覺來彌補，這些女孩必須是睡覺的
狀態，不會對老人的撫摸有任何反應，可以說是對於老人
的某種殘忍，卻是很深刻的無奈。

你卻說你雖然醒著，卻是整天都像小說裡的睡美人。
起初，你說得像是某種不知名力量，強迫讓你這樣子。後
來，當你說著相同故事時，卻愈來愈像那是你的期待。這
中間的變化很微細，是我直到某個時候，突然覺得你怎麼
想要變成睡美人呢？這個疑惑出現在我的腦海裡，我才回
頭想，那是一個微細變化的過程，我幾乎不可能將那種一
小步一小步變化的說故事方式，如實地呈現。

我一度想要嘗試，靠著回想寫出你說故事時，是如何
經歷這些變化，不過我很快就放棄了，只能心中讚嘆，唉，
人心真是細緻的東西。讓你從不由自主的被強迫，到變成

那是你的期待，竟是分成如此細膩的過程。

　　是一步一步地測試我嗎？你何必測試我呢？是擔心我會認為，你不應有這種不合道德感的期待嗎？我並不會苛責你的想像，就算那是你的期待，我也不會批評你啊。不過無論我怎麼樣，都還是免不了，你一定會先採取這種多疑的方式看待我。如果我想要說服你，可能更增加你的不安。你會把故事說得更像那不是你的想法，只是別人強塞給你，甚至你是不想要的，正如你談媽媽是個幾乎死掉的人，對於你的求助都沒有回應。媽媽只沈浸在和爸爸的衝突裡，你甚至覺得，媽媽只是為了和爸爸有衝突而活著，不是為了你而活著，這讓你不知道該怎麼辦？

　　你說，你只能一個人孤獨地活著。

　　有好幾次，這麼說時，你會馬上淡淡地說，是孤獨地死著，每一天都在死，直到有一天，突然發覺咬著自己的嘴唇時，竟是興奮得讓你睡不著。我雖然想要替你說，你找到刺激自己的方式，讓自己有生的力量再活下去。你卻說得更勁爆，你說，發現只要咬著嘴唇，加上適時的舌頭掃過嘴唇，你就會興奮得整晚都不想睡覺。不過很快地這變成你最害怕的情況，因為這讓你發現了，媽媽和爸爸做著你不了解的事。你發現媽媽的樣子，和她白天的樣子，完全是不同的人。你覺得她原本只是一個死人，但是死人在晚上怎會那樣子呢？但是，你不敢睜開眼睛。

　　有一度，你覺得自己在晚上是死掉的人。你必須是死掉的人，不然你根本無法處理眼前的事，你一直想要睜開

眼睛，大叫，要叫什麼已經沒有印象了。但是想要大叫的衝動，卻沒有消失過，你只好讓自己死掉，才能避免你想要大叫。後來，你知道自己想要大叫，並不是生氣媽媽，或者生氣爸爸，而是你閉眼時，只要動著嘴唇，你就會有一股很痛苦的感覺跑遍身體，讓你的身體僵硬起來。你覺得那是你死掉後的結果。對於這種結果，你是愉快的，不過以愉快來形容這種感覺，是好幾年後的事了。那是天要崩塌下來的感覺，是整個房間都要把你淹沒的害怕。

不過，你說害怕並不是全部的感覺。如果我替你說出你不曾說出來的，你隱隱發現這種害怕的感覺，裡頭還有更多其它的東西。你無法說清楚那是什麼，轉型成你是在害怕的感覺裡，慢慢地變成希望自己是一個死去的女孩。但是，要有人在旁邊，那人可以對你做任何事情，但是你只會被害怕的感覺包圍著，其它的感覺都跑不出來。這實在是太奇怪的希望了，你應該是很久之後才讓自己完全適應這種害怕。甚至這種害怕變成必要的，沒有這種害怕，你就無法發現，自己還有很多無法說清楚的感覺，被鎖困在害怕裡頭。

你說很不確定，也許其它感覺曾經想要逃離害怕，想要遠離受困的感覺。但是你不知道是否曾有成功遠離的感覺，你印象中並沒有，因為根本是無路可逃，你只好讓那些感覺一個一個死掉，就死在害怕裡。只要留著害怕就足夠了，你沈默後，轉折地說，後來有一天，你發現自己不再有害怕了。那是你覺得自己希望當作睡美人的開始，還

是要先澄清一下，你不是一下子就以睡美人，尤其是川端康成的《睡美人》來表達自己的期待，那是很後來的事了。你無意中看到報紙上一則小小的方塊，介紹這個故事，你才發現原來那是你的寫照。在那瞬間，你覺得，原本想像的，可以變成你的立志。

你不知道為什麼，你就是覺得這是不能說的事。

你訝異，日本作家竟然說出你的願望，這讓你震驚了一陣子。你至今仍記得，川端康成替老人說出，他們心中深深的欲望。不過，你完全以不同的角度來看待這個故事。你想要做的事，就是如何變成故事裡的睡美人。你早就看過寓言裡，睡美人被紡錘刺傷後，睡著了，直到被王子吻後醒來的故事。你不喜歡這個故事，太假了，你不期待王子之類的故事，你不需要王子，直到你看見川端康成的睡美人，才發現這是你真正的希望。如果是你這一輩子立志要做的事，你不敢想像會惹來多少批評？

我是很好奇，你覺得有人會批評，到底是從哪裡來的經驗和擔心？只是有些我最想知道的問題，通常我也不太相信，直接問你，然後你給我一個答案，那就是我要的最後答案。很難會是那種答案，偏偏對於這些問題，如果我還沒有覺得可能接近的答案，就表示我距離真的了解你，是有些距離。甚至這種距離，是遠比我想像的更遙遠，你心中的陰影或空洞，是遙遠星空的另一座星球。它是星球，不是空洞，它有我所不了解的土壤、空氣和其它賴以為生的元素。不然，我無法想像，被佛洛伊德當作是陰影或空

洞，竟如此強而有力地回頭，變成你一生的主要力量。

　　我想像著，你是那座遙遠星球上的睡美人，我納悶的是，一個人在小時候，要有多少衝擊，才會讓自己遠離家，飛奔到遙遠的星球？然後，就一直以那座還在成長的星球上，用新的邏輯想像這個世界。偏偏，你的身體卻一直處在地球上，這是簡單的理由嗎？你在地球上的身體，自然要如同睡美人那般，你說的是，從小小的身體就是等待著老人，你是要自己知道，只要有人就好，或者你還有更多的期待？那種期待只能以老人的意象來代表嗎？

　　我的困惑愈來愈多了，困惑也代表愈來愈有距離，愈不知道你是怎麼回事？這實在是太奇怪的感覺，當我想像愈多，卻只覺得你是愈陌生的人。

　　嗯，需要多少小時候的衝擊，才會讓你想當睡美人？依你的說法，並不是每天只是昏睡，如同一般人想像的，只是想要逃避現實，覺得反正一直睡著，最好不要醒來的心情。你的說法是指川端康成的《睡美人》裡，那種少女，我不知道你選擇川端康成的小說來說明自己的情況，是你的想像終於落實在別人的小說裡，找到了真實落腳的地方？或者是以他的小說，作為說明自己的註腳？

　　每次看著你離開的背影，我都是疑惑的，直到此刻，我的疑問並沒有停止過。畢竟，這是很陌生的事，我還難以了解的事。

第三幕第二景：我對自己說的話

新年剛過，海浪撲向沙灘，說著冬天的故事。陸
地上的風，倒不是那麼大，「這麼晚了，天這麼
冷，歡迎您來。」《睡美人》之家的掌門女打開
大門說。

我說：

活著，從來就不是容易的事。

我仍難了解的是，她是走在死亡的路上，或在求生？
昏睡是求生的最佳方式？也許吧。就算我從她所說的故事，
知道她是多麼痛苦地掙扎，最後，卻走向我難以想像的情
況。從川端康成的《睡美人》裡的老人來說，反而是容易
理解的人間事。只是川端康成有勇氣寫出來，老人的感傷，
需要具體的美少女來安靜不安，曾有的，已經失去了，大
概很難是激烈的不安，是安靜的不安，需要有昏睡的少女
作陪。當她說出自己的故事後，我卻被嚇著了，激起我的
不安，難道，她把我當作小說裡的老人嗎？

我不能拒絕這些想像，需要勇敢想像，她跟我說這些
想法時，是否要我也陷進另一種困境裡？

她有多少的理由，需要把我拉進困境裡嗎？我是位遙
遠的陌生人，是否這跟陌生與否沒有明顯的關連，她勢必
會以某種方式把我捲進去？我起初並不覺得，她說的睡美

人的故事，有針對我的意思，但是隨著她愈說愈多次後，我發現，我就鑽進了她所說的空洞感裡。回想起來，我是先以佛洛伊德的概念，來了解她失落後的空洞和自尊。很快地我就發現，我以為那是了解的方式，卻更像是阻擋我進一步了解的方式。好像那種空洞和陰影就只是空洞，導致了她的低自尊，她因此早就不存在了。

當她重複談到川康端成的睡美人後，我才浮現一個重要疑問，因為失落而留下的空洞或陰影，是如何影響她呢？是什麼過程，讓她後來以睡美人來描述這個陰影？

她更像是在告訴我，不論是以空洞或陰影，來形容失落後所留下來的內容，它都不只是一般想像的，沒有實質內容的空洞或陰影。如果這樣子來了解，是可以說明，何以她有無止盡的渴求些什麼？但是永遠不會飽的感覺。如果是這樣子，也需要再想像和描述，這種空洞是有其它的性質。例如，它是永遠填不滿的。她在人生的追求裡，所填進去的種種關係的期待，是以什麼方式呈現在空洞裡呢？只是安安靜靜待在那裡嗎？這個疑問突然打開了我的想像，加上她所談的《睡美人》，那是我喜歡的小說之一，原本的閱讀是從川端康成所描述老人的角度。

沒想到，她從《睡美人》的少女角度，甚至表明那就是她，多年來的心情，川端康成描述了那些只是睡著的角色，卻是在我眼前活躍著，不再只是睡著的少女。仔細想也沒錯啊，那些少女不是憑空而來的啊，只是原本是背景的少女，在她的故事裡，卻變成了真正的主角。讓我有機會從她的角度，來補充那個空洞或陰影，活生生的睡美

人，她活在我眼前，一切都是在實踐睡美人的心情。

至於我這麼想像和聯結，是不是可以補充佛洛伊德，對於失落後個體所留下的空洞或陰影的說法更多活化？而且活生生的。畢竟那些空洞和陰影會影響人的一生，就沒有理由說它們只是靜悄悄待在那裡，應該更像是不時動作中的影響力。如果單純地將整夜安睡的睡美人，放進這個空洞裡，或睡在陰影裡，只是靜靜的被動者，是被外力擺弄的人。透過她的描述和自喻，讓睡美人的比喻活絡起來，她一直活躍著，如她自己所說，以睡美人的方式活躍著。

有些習慣，以具體的經驗來想像的話，會覺得奇怪，睡著的睡美人怎麼是活躍的人呢？以這種方式勾勒出，佛洛伊德所描述的人，在失落後所留下的陰影？我以她活躍的方式，來想像那個睡美人，是她把川端康成的《睡美人》演活了起來。她是覺得自己一直在活出那個想像，一直都是如此，只是後來閱讀川端康成的小說後，才發現她並不孤單，她的處境有人曾經描述出來過了，如果仔細回想，佛洛伊德透過個案的經驗，發現了伊底帕斯的故事，說出他觀察到的某些人類處境。我這麼比喻是否太過踰越或誇張？睡美人是一個新發現，可以站出來代表佛洛伊德曾經發現，卻沒有說得很清楚的地方？

也就是，人在生命早年，經歷了某些重要人物失落後，留下來陰影或空洞是睡美人，要說是睡美人情結嗎？坦白說，要說得如此直接明白，的確讓我有些猶豫。這是另一個角度來了解，失落後的空洞感，如何說明那些整夜安睡中的少女，對於老人的性刺激呢？這麼想像是否太色情了？

那個空洞或陰影是否沒有性的特質在裡頭？我是否只是將佛洛伊德的性學理論，硬塞進那個失落後的空洞？

是否讓有些經驗的人很反彈，覺得在污衊他們那種心情呢？如果是男人的失落經驗呢？也是睡美人的姿勢，或者是睡美男呢？或以睡美人來象徵，反而更有創意，不再只是以男人角度，來看待人的失落經驗呢？就算是男人的失落，那個空洞依然是睡美人的反應和心情，或者睡美人從此不再只是女人，因為男人也可以是美人啊？

如果是睡美人，是否不必然是一般想像的，具有破壞力為主的空洞，而是更有積極意義的性？不可否認的，仍是有些驚悚的性，這種驚悚不是好或不好的意思，而是令人心中充滿訝異的心情，好像陌生，卻又有熟悉的感受，讓人覺得是自己的，也不是自己的。

我是從她的人生經驗裡萃取出來的想法，睡美人情結，不過，當我使用「情結」這語詞時，可不是隨意說說，川端康成的睡美人裡的情節，如果從睡著的少女角度來想，不只是她的生命故事而已，對我來說，這裡的「她」只是某種代表，只是我還無法說，這個「她」代表所有人，遭遇生命早年重要人物失落後的空洞。

我幾乎想要這麼說，這個「她」不只是她，我仍必須說我的經驗和想像，還是有侷限的。我期待，以後有人再從他們自身經驗，來觀察這個睡美人情結，是否真的有它的普同意義。我的野心是，睡美人情結，是否如同伊底帕斯情結那般，具有人性的共通意義？這是針對另一個重要

的人生課題，人在生命早期失落重要關係人（或被叫客體或對象），所呈現出來的心理癥結，佛洛伊德是說出一個大方向，至今仍是可以被觀察的，而不只是空談。我試著從她的經驗和想法，來補充佛洛伊德對於重要關係人失去後，所留下的陰影或空洞是什麼。

川端康成的《睡美人》這部小說裡，其它內容是否完全契合，我從她的經驗所推衍出來的睡美人情結？這值得從她或其他人的類似經驗，再持續觀察並和小說本身維持著互動式解釋。有趣的是，這一切的基礎都是來自她的問題，以及她對於自己狀態的解答，那種難以一下子說清楚的失落經驗，給了她一個如此具體的睡美人願望。

還好，我一開始就沒有以道德感來評論她的願望，讓我有機會多聽到她的睡美人心聲裡，是多麼貼切地說出了，佛洛伊德當年沒有深入說明的地方。

再來，我只能等待其他人從他們的經驗來觀察，是不是有我提出來的類似觀察？嗯，我能做的只是等待，「睡美人情結」是人性深處的重要情結？

第四幕：她想要對我說的話

「母親臨死前，江口按撫她的胸口，自然接觸到母親衰敗的乳房。那是無法讓人感受是乳房的東

西。現在都想不起來了，能想得出來的，是抓著
年輕母親的乳房入睡的幼年日子。」

——川端康成

她說：

我很早就知道你的意圖，我只是你要了解人的工具。
從小我就是別人的工具，沒關係，反正，你不過跟其他人
一樣罷了。嗯，是這樣子吧，我一開始就覺得你是這樣的
人。到現在，我還是相同的看法，我可以從你說話口氣聽
得出來，你對於我所說的，睡美人，很有興趣。你刻意壓
下你的好奇，但我只要說些相反方向，就知道那是你想要
了解的故事。

你不會知道，我是多麼辛苦要避開這個話題。尤其是
當我感受到你的好奇時，我還覺得一定是奇怪甚至是大錯
的事，不然，你不會顯現出你的興趣。你曾間接說過我，
怎麼老是使用自己的身體，來吸引別人？你可能還記得吧，
你不可能忘掉的，我因此好幾個禮拜不想理你。

不論你問我什麼，我都保持沈默。

都虧你還在猜想，我為什麼保持沈默？我就是不想讓
你知道，我真正的想法。你憑什麼說，我以身體來吸引別
人，一定是你覺得被我的身體所吸引，你才會這麼說吧。

我不想頂撞你。我只能沈默表達抗議。為什麼，我會
變成這樣子？難道，你不需要負責嗎？我可是很認真的，

想要改變自己，你根本沒有出力。你除了說些讓我生氣的風涼話外，你根本不曾盡心盡力，讓我知道自己是怎麼回事？如果你還要逃避你的責任，就更讓我瞧不起了，明明你不想盡你的責任，只讓我一個人，浮浮沈沈，一陣子後，你突然說些風涼話，或者一些屁話。你要顯示很了解我的樣子，拜託，我根本不曾覺得你了解我。你說的那些話，我都把它們當作是空氣，我只是不想一直挑戰你罷了。

你也曾說過，我喜歡挑戰你，因為我在小時候是被人忽略的女孩。我不知道這有什麼關連？就算小時候沒有人理我，我可以自己玩啊，我幹嘛一定要挑戰你啊。你想出來的點子，卻硬要我吞下去，當作你送我的金玉良語，是嗎？有刺人的金玉良語嗎？就算良藥苦口，也要先確定那是藥啊。你說的話是藥嗎？一點也不，我從來不曾這麼覺得，你只是說得很認真，很辛苦，我是多麼可惡的人，讓你要開口說話，都顯得很困難。老實說，你根本就是便秘的人，卻從嘴巴裡吐出消化不良的東西。

不過，我真的疲累了。人生，怎麼是這樣子呢？為什麼，只有我要努力做些什麼？你卻永遠看不見我，或者你看見我的時候，就只是一些冷言冷語。雖然你說得很認真的模樣，你的認真並無法傳遞任何熱情啊。我需要的是，人的熱情，你卻只給我生冷的話，要把我再推進人生的冰庫裡。我從那裡走出來了，你卻要把我再推回去。連我不希望再回到過去，你都不知道了，怎麼能夠說你了解我，對我說那些話呢？你說我靠身體吸引別人時，你知道多麼

傷我嗎？我以沈默對抗你，是我最大的善意了。不然，你期待我要我迎合你，說你的屁話是金玉良言嗎？

不可能，你不可能期待我會這麼說。已經忍了大半人生了，我不想再這樣子了。你到底知不知道，我不想再這樣子了？你不但不幫我，卻還把我推回去，你知道你把我推回去的人生，是什麼樣子嗎？你能夠忍受聽不到任何聲音嗎？或者你聽到的，只是呻吟聲。不過，我是長大以後，才知道那是呻吟聲。這個世界怎麼這樣子？不是沈默，就是呻吟聲，但都是不理會我。只是空空洞洞，不存在，我一直大哭大叫啊。依然沒有人理會我，就像你的模樣，我說得再多，再辛苦，你都只是淡淡的，你到底要我怎麼做，才會讓你聽見我真正的聲音呢？

我幾乎出盡了吃奶的力氣。

我的身體幾乎全身都動員了，你根本看不見我，我只能這樣過日子，每次都得擠出身體所有力氣，才能讓自己覺得還活著。有一度，我甚至不敢睡著，怕睡著後，如果我的身體不再動，就不會再醒來了。我曾經想著，何必醒過來？如果是在身體動的瞬間睡著了，我就會一直動著了。那樣子，我何必醒過來呢？我就是一直睡著。身體就一直動著，不論別人說這是生或死，一點也不重要了。真的，我不想再說服任何人，說我會好好活下去，從來沒有人真的放心了。

甚至有一次，一位絕交的朋友大聲對我吼叫，說我誘惑他，然後再把他拋棄了。

　　雖然再三聲明，我沒有誘惑他，但我沒有聲明我不會拋棄他。我的確是要放棄他了，不過我只是放棄，不是拋棄。我沒有心思向他說明，放棄和拋棄的差別？我堅持我沒有拋棄任何人，都是別人拋棄我，包括你也是這樣。當你說我曾經誘惑你，要你接受我。我一聽就覺得那是你要拋棄我的前兆，你這麼說是表示，所有的問題都是我引起的，跟你都無關。明明就是跟你有關，你的作為只是要惹怒我，變成是我拋棄你，我才不是那種人，你才是。

　　如果你連這點都不了解，怎能誇口說你是了解我的人呢？我啟動全身，只是為了活下去，每個人都離我好遠，我只是企圖走過去，看能否離大家近一點？你卻說我是在誘惑人，差太遠了吧。我的心早就死了，何必要誘惑任何人呢？我要找的人，早就不在了，根本不可能也不需要誘惑人了。我早就死了，我想要的樣子，早就死了，活著的，只是原來的樣子。

　　我相信，那就是原來的樣子。當我說這是睡美人時，你起先還以為是西方童話的睡美人，我的睡美人是離我們不遠的睡美人。我曾經花了不少時間跟你說明，我如何重複閱讀這本小說，深深著迷，每讀一次，就愈覺得川端康成是在描述我，一字一字，把我堆砌起來，他的文字幾乎就是我了。

　　只要他的小說存在，我就存在了。我就是小說裡的睡美人，只是我還有醒的時候。那是他沒有描寫的內容，我醒著的時候，心裡過得就是睡著的睡美人。我需要再多做

說明嗎？我花了不少時間才想到這點，除了我醒的時候，是那些少女醒的時候，不過小說中在夜晚睡著的少女，是我平時的樣子。我走來走去，過著一般人所謂的日子，我更是活在夜晚裡。談不上我是期待夜晚，有時候，是更害怕真正夜晚的來臨，總會讓我莫名不安起來。

不過，在《睡美人》裡，我再三閱讀後，發現自己在白天就是睡著的睡美人。有人說那是行屍走肉，不，不是，這是誤解，對我嚴重誤解。我已經過了需要別人了解的時候了。不再是一直抗議的年紀了，反正這個世界不可能有人了解我。川端康成的《睡美人》是描述我，但是川端康成早就不在人世了。我是不了解，為什麼他能夠說出我難以被了解的內心？

當我覺得所有人都不可能了解我時，我早就不在這個世上了。雖然身體仍在街上，在家裡，逛來逛去。那是死寂的，不是全然的我，我更是安靜的存在，以身體激發別人而活下去。是有意義的活下去，試想當有人能夠因我的存在而活下去，這是多麼大的光榮啊。我就是這樣子，看見你的模樣，在我心中，你早就死過無數次了。真正再走下去的重要力量，是來自我在夜晚，覺得自己一定是死去的人。但在白天，卻是活著的睡美人，是「走在睡著裡」這句話，會不會很奇怪，「走在睡著裡」，不過，這就是我。

這就是我，真的……

劇　終

跋

　　就是一種不服氣的感受吧。明明如此複雜的人類情緒，卻被簡化到離診療室裡的心理治療實情如此遠，社會又如此期待一些簡化式的說法，將憂鬱變成只是負面想法，然後以正向想法來取代就可以解決了？

　　憂鬱在不同人格所帶來的不同風貌，是日常工作的所見，因此多寫一些想法和流行的想法有所不同，不是我說的一定對，而是臨床經驗裡所浮現的感受和想法，構成了這本書的主要基礎，所以有種不信邪的氣氛吧。

　　在很多年前（很難切割確定的年代），如果有人敢說他有憂鬱，這個人是很勇敢的，敢使用被當作是「懶惰病」的憂鬱，這是疾病名稱被道德化的那個年代，憂鬱像是路上眾人可以喊打的年代。

　　不過，近來顛倒了，只要有憂鬱就好像天下無敵，社會現象裡常出現的，如果有人犯了什麼案子，例如殺人傷人之類，當事者或者路人甲們可能會說，這是當事者有憂鬱症的緣故。只是也有人會跳出來反對，覺得憂鬱被污名化了，到底誰在憂鬱，那是什麼的說詞呢？

　　憂鬱到底有多少種身份呢？精神醫學專家的、精神分析取向的、還有一般大眾的，但是一般大眾就能歸在同一

類嗎？難道精神醫學的診斷也要和大眾溝通和交換嗎？這些交換的界線是什麼，需要付出什麼代價嗎？

相對於《我的悲傷不是病：憂鬱症的起源、確立與誤解》（The Loss of Sadness：How Psychiatry Transformed Normal Sorrow into Depressive Disorder，作者：艾倫‧霍維茲，左岸文化出版。），《憂鬱幾顆洋蔥？精神分析想說》的焦點不在於確立憂鬱症是什麼，而是在於一般人，甚至是心理專業人員，對於憂鬱症這詞的多元想像，並以精神分析取向的核心技術，詮釋與解釋的對比，來說明這些多元想像的深度心理學。

最後談談一些個人想法。有次和老戰友劉佳昌醫師聊天，他問何以我會想要一直書寫，我想了一下說，其實目前能夠說得出來的，大概都不會是最真正的緣由。不過這並不是停下來討論和想像的理由，後來覺得一個可能的暫時答案是，近三十年的精神醫學和精神分析取向的思索，目前能說的是，相信自己的經驗是值得記述下來。

我的經驗混雜了精神科門診和住院個案、古典精神分析和精神分析取向心理治療、以及督導年輕者的心理治療等等。很難清楚區分某個臨床現象，我浮現的想法是來自其中何者的經驗，因此我就只是將目前正經驗的加以文字化，這就是我此刻的經驗，不是我的文字內容一定是對的。雖然有這種期待，但是多年的經驗反而讓我覺得，好好書寫自己經驗就是後世者的資料吧。

　　這是我何以常提醒讀者，不要將我的文字當作是教科書，但也相信這些文字是值得思索的材料，這是我的相信，也是我持續書寫的動力。不過，我也相信這只是我目前的想法，我不確定以後會是什麼。如果以後變成我的書寫就是對的知識，要大家學習運用，到了這種想法時，也許就表示我應該要停筆了。那是一種錯覺的開始，因為我也相信別人的成功是無法複製，要別人複製我們的成功，是要保持著高度的疑惑。

　　因此我的書寫不是成功經驗的描述，而是這是我親身經驗過的經驗，不只是別人書上所寫的文字而已。但是這一切都在於無知，對於人性和心智的無知，我只是盡力地寫下自己的親身經驗，不知何故地相信我的經驗有重要的歷史意義，但如前述並非我說對了什麼，而是一直在找文字想要說清楚親身經驗。包括自己的文字是台灣國語，也是歷史記錄吧，哈哈，這有自嘲，也有很奇怪的相信。

作者謝辭

之一

感謝替本書寫推薦序文的賴德仁教授兼理事長、樊雪梅精神分析師、黃宗慧教授。書寫是孤獨的事，但要出版了，有他們文字的助陣，我是感激不盡的。

感謝無境文化出版公司協助本書出版，執編游雅玲、校對葉翠香、封面設計楊啓異、內文版面荷米斯工作室、以及總經銷臺灣商務印書館。

另外，我覺得值得在本書裡，替以下這件大事留下文字作爲紀念。感謝協助臺灣精神分析學會的人，我是承辦的幹部群之一，很光榮和以下列名的朋友們替這塊土地上的人，貢獻了一些心力。以下文字曾在2017年5月7日，發表在臺灣精神分析學會臉書感恩系列。

之二

不得不承認，我們的確是完成了很厲害的任務。

我們從約一年前左右，接到要在2017年5月4日～6日三天，承辦國際精神分析學會的亞太區學術研討會的指示後，開始整軍備戰，直到最後5月6日週六晚上Gala dinner時，台灣在地的演奏藝術家A Root樂團響起第一聲，來自外國和國內佳賓們隨即開始接近樂團拍照，我們就知道我們已經

完成了不可能的任務。

在晶華酒店相當專業且細心的合作過程裡，我們很高興有這樣專業且敬業的團隊，如此有節奏地展現他們到位的服務。

在楊明敏、周仁宇、林俐伶於節目委員會和其它國家的委員前線溝通，再由在地委員會楊明敏、周仁宇、林俐伶、劉佳昌、許豪沖、陳冠宇和蔡榮裕討論消化後，大家分頭合作書寫信件和總部溝通細節。

大掌櫃財務長李曉燕全力支持這次活動某些額外但必要的相關支出。

再由魏與晟、李詠慧、蘇育萱和吳麗琴等人統籌下，最後於現場直接和國際精神分析學會總部行政人員的合作，加上三天分別輪值的小組長王明智、彭奇章和莊慧姿的直接指揮，成功帶動超過六十人的工作團隊人員默默執行到位的服務品質。

感謝謝佳芳負責和國際精神分析學會理事長聯繫，關於五月三日晚上演講的相關事宜。

感謝大家以點點滴滴成事的心情，除了協助了學術概念交換的基礎，和幫台灣做了一件相當成功的國民外交。雖然過程裡是不少心情和工作的起伏，但說我們圓滿完成了任務，應是不會太超過的說法。

感謝協助中譯國際精神分析學會的Program手冊者，李俊毅、林怡青、賴怡青、崔秀倩、葉怡寧、蔡雅如、邱顯智、劉心蕾、盧志彬。

　　加上我們所有工作人員，當然也包括沈默做著論文中譯，三道工程初譯、校訂，然後做成中英文並列的投影片，沈默力量發揮了我們的細緻。

　　報告論文中譯者：吳念儒、郭曄、陳佑齊、吳立妍、黃盈霓、李雅文、張秋茜、遲毓姍、李詠慧、歐皇如、嚴介謙、趙彗攸、盧乃榕、陳瑞君、王明智、陳靜儀、吳麗琴、莊慧姿、李芝綺、劉玉文、劉又銘、魏瑋柔、黃湘怡、黃盈霓等。

　　論文中譯校訂者：樊雪梅、林玉華、劉佳昌、邱顯智、黃世明、崔秀倩、黃宣穎、李俊毅、劉心蕾、賴盈青、莊慧姿、林怡青、葉怡寧等。

　　吳念儒和黃秋茜在最後關頭，日以繼夜協助power point的製作，以及陳瑞慶、游敦皓和張睿昕的協助，還有陳佑齊總是在緊急關頭出手待命協助製作。

　　感謝專業口譯鄭家玲在早上Main Lectures的協助。以及其它在下午場同時進行六個場次裡協助的口譯者，小組長吳念儒和黃秋茜，以及組員游佩琳、謝佳芳、李詠慧、李雅文、吳立妍、遲毓姍、郭曄和黃盈霓。

　　協助中英譯詞統整：莊慧姿、魏瑋柔、陳瑞君、歐鳳如、遲毓姍、郭曄、陳佑齊、陳靜儀、李芝綺、王明智。

　　BTT（Being Together in Taipei）團體的口譯者：白美正、劉佳昌、樊雪梅、林玉華、許宗蔚、林俐伶。

　　旅遊小組：在李郁芬指揮下，製作旅遊手冊的黃湘怡、

游敦晧、林淳頤和魏與晟，提供現場旅遊協助的邱杰澐。

　　書展小組：在許豪沖和唐守志的主持下，感謝謝明儒、陳瑞慶、彭奇章、許薰月、謝朝唐的合作，做了一次很有品質，也讓不少參加者駐足觀看的展示。

　　故宮參觀小組：小組長吳立妍安排行程，訂製精緻點心和安排專業導覽的李曉燕以及在三輛大巴士裡擔任指揮的協助者，劉允軒、張睿昕、夏雨潔、魏瑋柔和吳立妍。

　　Gala dinner表演小組：李昭慧的聯絡和協調。

　　還有備而不用的醫療小組：蔡昇諭、賴盈青、劉又銘、許欣偉。

　　以及我的松德同事好友楊添圍和游正名的打氣和具體支持，以及思想起心理治療中心的老友們劉佳昌、陳俊澤、許欣偉、邱顯智、邱智強、黃彥勳、魏與晟、范瑞雲的合作，當然還有衆多默默執行著，在會場內外提供各式服務的組員們。相信在忙累裡，除了知識上的收獲外，也跟我們所有人一起見識了，國際精神分析學會舉辦國際會議的樣式。

　　「這一切真正地讓台灣，在國際精神分析學會的版圖上，有了一席之地。這是偉大的成就。」這是一封來自國際精神分析學會重要幹部來信裡的結語。

　　事前的準備需要很多的思考，尤其是將所有文章翻譯成中文是一大工程。這些都是來信者說的，是基於愛才會出現的動力。這點我幾乎完全相信，尤其是看見每位協助

者主動臨場解決問題，是令人驚訝的動力，這絕不是來自誰可以要求而做得來的，而是大家基於各自的動力，這是相當令人感動的現象。

三天學術活動裡負責內外場的所有志工們：

李詠慧、魏與晟、王明智、彭奇章、莊慧姿、趙彗攸、陳瑞慶、歐凰如、嚴介謙、陳靜儀、遲毓珊、郭曄、鄭涵芸、陳佑齊、夏雨潔、劉允軒、黃盈霓、魏瑄慧、黃湘怡、游敦皓、李政達、魏瑋柔、劉又銘、吳麗琴、盧乃榕、劉玉文、陳嘉玲、李雅文、李芝綺、陳瑞君、蔡佩純、楊璧華、王莉如、林明賢、蔡云筑、洪儀庭、張凱翔、周昱帆、姜尚文、葉潔如、安思潔、吳沛穎、張淳萱、張凱傑、黃瑤、張嘉芸、李昀、宇佩秦、張睿昕。

協助報到和場務的英文系工讀生（聽說大都是交大外文系林建國教授的粉絲）：李芸汎、何彩榛、方怡婷、范凱筑、劉嘉泳、余子宏、盧穎珊、蔡佳蕙、林晏君、林思妤、郭詔嵐、陳琬媄、盧心慈。

之三

另，2017年5月3日晚上七點至九點半，臺灣精神分析學會主辦，在台大醫院國際會議中心舉行，由國際精神分析學會理事長Dr. Stefano Bolognini的演講。楊明敏開場致詞，蔡榮裕主持。主題：精神分析式神入（或同理心）的複雜本質──理論和臨床的探索。

臺灣精神分析學會感謝以下所有單位，對五月三日這

場活動的協助。

合辦單位：

台大精神部／台北榮總精神部／三總精神醫學部／台北馬偕精神部／凱旋醫院／八里療養院／草屯療養院／林口長庚醫院精神科系／基隆長庚醫院精神科／高雄長庚精神科系／北醫大精神醫學科系／台中中國醫藥大學精神部／中山醫大精神科系／成大精神部／高醫大精神部／彰化基督教醫院精神科／耕莘精神科／國泰精神科／花蓮慈濟醫院精神部／萬芳精神科／松德院區。

協辦單位：

台灣精神醫學會／台灣輔導與諮商學會／台灣臨床心理學會／台灣心理衛生社會工作學會／中華民國精神衛生護理學會／臺灣職能治療學會／中華民國諮商心理師公會全國聯合會／中華民國臨床心理師公會全國聯合會／臺北市諮商心理師公會／臺北市臨床心理師公會／中華民國職能治療師公會全國聯合會。

國家圖書館出版品預行編目(CIP)資料

憂鬱幾顆洋蔥？精神分析想說 / 蔡榮裕作. -- 初版. -- 高雄市 ： 無境文化，2017.09
面 ；公分. -- ((思想起)潛意識叢書；4) ISBN 978-986-92972-8-8 (平裝)
1.精神分析 2.心理治療 175.7 106012980

憂鬱幾顆洋蔥？精神分析想說

作　　　者｜ 蔡榮裕

執 行 編 輯｜ 游雅玲

校　　　稿｜ 葉翠香

封 面 設 計｜ 楊啓巽

版 面 設 計｜ 荷米斯廣告設計有限公司

印　　　刷｜ 侑旅印刷事業股份有限公司

出　　版｜ Utopie 無境文化事業股份有限公司

地　　址｜ 802高雄市苓雅區中正一路120號7樓之1

電　　話｜ 07-3987336

E-mail｜ edition.utopie@gmail.com

◆ 精神分析系列

【在場】精神分析叢書　　　策劃｜ 楊明敏

【思想起】潛意識叢書　　　策劃｜ 蔡榮裕

【生活】應用精神分析叢書　策劃｜ 李俊毅

總 經 銷｜ 臺灣商務印書館

地　　址｜ 23150新北市新店區復興路43號8樓

客服電話｜ 0800-056-196

客服信箱｜ ecptw@cptw.com.tw

初　　版｜ 2017年 9月

I S B N｜ 978-986-92972-8-8

定　　價｜ 380 元